GANDHI Y MARTÍ: IDEALES DE JUSTICIA, LIBERTAD Y NACIONALISMO EN YOUNG INDIA Y NUESTRA AMÉRICA

Hamid Hussain K.T
Autor

Jonatan Hernández Castillo
Editor

BLUEROSE PUBLISHERS
India | U.K.

Copyright © Hamid Hussain K.T. 2025

All rights reserved by author. No part of this publication may be reproduced, stored in a retrieval system or transmitted in any form or by any means, electronic, mechanical, photocopying, recording or otherwise, without the prior permission of the author. Although every precaution has been taken to verify the accuracy of the information contained herein, the publisher assumes no responsibility for any errors or omissions. No liability is assumed for damages that may result from the use of information contained within.

BlueRose Publishers takes no responsibility for any damages, losses, or liabilities that may arise from the use or misuse of the information, products, or services provided in this publication.

For permissions requests or inquiries regarding this publication, please contact:

BLUEROSE PUBLISHERS
www.BlueRoseONE.com
info@bluerosepublishers.com
+91 8882 898 898
+4407342408967

ISBN: 978-93-6783-419-0

Cover design: Yash Singhal
Typesetting: Namrata Saini

First Edition: February 2025

Agradecimientos

Quiero expresar mi profundo agradecimiento a todos los que han sido esenciales en la realización de este libro. Agradezco a mi maestro y mentor, Sayyid Ibraheemul Khaleelul Bukhari, y a los maestros de Madin Academy por motivarme a aprender español. Mi gratitud a mi primera profesora de español, la Sra. T. Srivani, y a la Sra. Aparna, quienes me guiaron en este idioma.

Agradezco a mi mentor Ummer Melmuri por su apoyo en el desarrollo de mis habilidades. También a mis amigos Anil, Abdul Latheef, Yasar Arafath, y a mis compañeros de conversación en español, Ashique, Shammas, Fayiz, Muhammadali, y a todos quienes me han acompañado en mi camino con el español.

Gracias a la profesora Lupita Ma Guadalupe Gutiérrez Ruvalcaba y a mis colegas de Inventure Academy por su constante apoyo. Mi sincero agradecimiento a mi hermano gemelo, Mahmoodul Hassan, y a mi profesor Jonatán Hernández Castillo por su valiosa ayuda en la revisión de este libro.

Finalmente, mi gratitud a mis compañeros Ravindranath, Mahalaxmi, Sayed, Deepak, Ahmed Khan Lodi, y, sobre todo, a mi esposa Thahira y mis hijos Rabah y Rayan, por su paciencia y aliento para completar este proyecto.

A todos ustedes, les dedico este trabajo.

Hamid Hussain K.T.
Kerala, India

Prólogo

Es un privilegio escribir estas palabras para el libro de mi estimado alumno y colega, Hamid Hussain K.T., titulado **"Gandhi y Martí: ideales de justicia y libertad en Young India y Nuestra América"**. Esta obra se presenta como un significativo puente entre culturas, explorando las ideas de dos figuras históricas cuyas contribuciones a la libertad y la justicia han dejado una huella imborrable en la humanidad.

Desde mi posición como presidente de la Ma'din Academy y de la Jama'at Musulmana de Kerala, en India, así como fundador del Instituto Español de Ma'din, he sido testigo del impacto transformador que tiene el conocimiento en la creación de un mundo más justo y equitativo. Este libro refleja esa visión al analizar las convergencias y divergencias entre Mahatma Gandhi y José Martí, dos líderes que, desde contextos distintos, supieron elevar sus voces contra la opresión y en defensa de los valores humanos.

Hamid Hussain aborda esta obra con una profundidad y sensibilidad notables, invitando al lector a reflexionar sobre la relevancia contemporánea de los ideales de Gandhi y Martí. En un mundo que enfrenta crecientes desafíos en torno a la equidad, la libertad y la dignidad humana, las enseñanzas de estos pensadores son más pertinentes que nunca.

Estoy convencido de que este libro se convertirá en una referencia importante no solo para los estudios académicos, sino también para quienes buscan inspiración en estos líderes visionarios. Felicito a Hamid por su arduo trabajo y dedicación, y le deseo el mayor de los éxitos con esta publicación.

Con mis mejores deseos,
Sayyid Ibraheemul Khaleelul Bukhari

Presidente, Ma'din Academy y de la Jama'at Musulmana de Kerala en India

Prefacio

Este libro explora las profundas ideas de dos de los más grandes pensadores y líderes del siglo XIX y XX: Mahatma Gandhi y José Martí. A través de sus escritos y visiones, Gandhi, en su "Young India", y Martí, en su "Nuestra América", ofrecieron reflexiones cruciales sobre el nacionalismo, la libertad, y la justicia, principios que siguen siendo de vital relevancia en el mundo actual. Gandhi y Martí, aunque en contextos históricos y geográficos distintos, compartieron una profunda preocupación por las injusticias que aquejaban a sus respectivos pueblos. Ambos vieron en la lucha por la libertad y la autodeterminación no solo un desafío político, sino una cuestión moral que implicaba el bienestar y la dignidad humana. Mientras Gandhi abogaba por la no violencia y la independencia de la India del dominio colonial británico, Martí luchaba por la soberanía de Cuba frente al imperialismo estadounidense y promovía una visión de unidad entre los pueblos de América Latina.

Este libro se centra en cómo las ideas de ambos siguen siendo fundamentales en un mundo actual marcado por la opresión, la violencia y la desigualdad. En un contexto global donde las luchas por la justicia social, la independencia política y la dignidad humana continúan, la relevancia de sus pensamientos es más que evidente. Al examinar Young India y Nuestra América, este trabajo busca ofrecer una visión renovada de sus ideas, mostrando cómo, más de un siglo después, sus voces aún resuenan en las luchas contemporáneas por un mundo más justo.

El propósito de este estudio no es solo rescatar el legado de Gandhi y Martí, sino también subrayar cómo sus pensamientos pueden iluminar los caminos hacia un futuro más equitativo en el contexto actual de nuestras sociedades globalizadas. En un momento de creciente injusticia y polarización, sus visiones ofrecen una brújula moral que invita a reflexionar sobre las luchas que aún enfrentamos y las soluciones que podemos encontrar en sus enseñanzas.

Este libro es una invitación a mirar el pasado con la mirada puesta en el futuro, a comprender las raíces de las luchas por la libertad y la justicia, y a encontrar en Gandhi y Martí no solo inspiración, sino también una guía práctica para enfrentar los desafíos del mundo contemporáneo.

Tabla de contenidos

I. Introducción General 1

II. Conceptos de libertad y nacionalismo en "Young India" de Gandhi 12

2.1 La filosofía de Gandhi sobre la libertad 14
2.1.1 Libertad a través de las Restricciones 14
2.1.2 Principios de Verdad y No Violencia 15
2.2 Diferentes Percepciones de la Libertad 15
2.2.1 La Obsesión Occidental con la Libertad 16
2.3. La India Moderna y el Enfoque Oriental 16
2.4 La Relación entre la Libertad y el Estado 17
2.4. 1 La importancia de la autorregulación 17
2.4.2 Las repercusiones negativas de la acción humana sin restricciones 17
2.5 Tipos de libertad según el pensamiento de Gandhi . 17
2.6 La Filosofía de No Violencia de Gandhi 19
2.6.1 Satyagraha: La principal contribución de Gandhi .. 19
2.6.2 Impacto de la Satyagraha en la lucha contra los británicos 21
2.6.3 La Marcha de la Sal (1930) 22
2.6.4 El Movimiento "Quit India" (1942) 22
2.6.5 La Campaña de No Cooperación (1920-1922) 25
2.6.6 El cambio moral en los opresores y los oprimidos . 25
2.6.7 Inspiración para movimientos de derechos civiles y justicia social 26
2.7 Conceptualización de "nacionalismo" en "Young India" 26

2.8	Crítica de la civilización occidental en "Young India"	28

III. Conceptos de libertad y nacionalismo en "Nuestra América" de José Martí 33

3.1	Introducción: José Martí: Apóstol de la independencia cubana	33
3.1.1	Juventud y primeras influencias	34
3.1.2	Activismo político y exilio	35
3.1.3	La Guerra de Independencia y muerte	37
3.2	Legado literario e intelectual de José Martí	37
3.3	Los temas en las obras de José Martí	38
3.3.1	Libertad y autonomía nacional	38
3.3.2	Identidad y cultura	40
3.3.3	Justicia social y Derechos Humanos	40
3.3.4	Unidad Latinoamericana	40
3.3.5	Importancia de la educación	41
3.4	Influencia de Martí en Rubén Darío y Gabriela Mistral	41
3.5	La Revolución cubana y el martirio de Martí	42
3.6	Análisis de los Temas de Libertad y Nacionalismo en "Nuestra América"	44
3.7	Los Diversos Aspectos de Libertad en "Nuestra América	45
3.7.1	Libertad Intelectual:	45
3.7.2	Libertad Cultural:	45
3.7.3	Libertad Social:	46
3.7.4	Libertad Económica:	46
3.7.5	Libertad Espiritual:	46
y sociedades:		46
3.7.6	Libertad como emancipación integral	47

3.8 Crítica de José Martí a la imitación de modelos extranjeros en "Nuestra América" 47

3.9 Conceptos de Nacionalismo y Unidad Latinoamericana "Nuestra América". 48

3.9.1 Participación de todos los ciudadanos 48

3.9.2 Concepción de nación según José Martí 49

3.10 Crítica del capitalismo industrialista y el Imperialismo Estadounidense en "Nuestra América" 49

IV. Similitudes y divergencias en las ideas de Gandhi y Martí 54

4.1 Contexto histórico de la India y Cuba 54

4.1.1 Contexto histórico de la India 54

4.1.2 Contexto histórico de Cuba 55

4.2 Influencias filosóficas y literarias 55

4.2.1 Influencias de Thoreau en Gandhi: 56

4.2.2 Influencias filosóficas de Goethe en Martí 57

4.2.3 Ilustración y romanticismo en Martí: 58

4.3 Similitudes y divergencias en la concepción de libertad y nacionalismo entre Gandhi y Martí 59

4.3.1 Enfoque en la No Violencia 61

4.4 La efectividad de los movimientos en la lucha contra la dominación colonial. 61

4.4.1 Diferencias en la estrategia de resistencia 62

4.4.2 Similitudes en la visión de la libertad y el nacionalismo 62

4.4.3 Manierismos de luchas por la independencia y la identidad nacional 63

4.5. Relevancia de las ideas de Gandhi y Martí en las narrativas postcoloniales y movimientos de justicia social actuales. 64

4.5.1	Influencia en las narrativas postcoloniales	64
4.5.2	Impacto en los movimientos de justicia social actuales	65
4.5.3	Movimiento por los Derechos Civiles en Estados Unidos	66
4.5.4	Movimiento por la Democracia en Myanmar	66
4.5.5	Movimiento de los Paraguas en Hong Kong	67
4.6.	Pros y contras de ideologías y filosofías de Gandhi y Martí Gandhi:	69
4.7	Comparación de los estilos literarios en 'Young India' y 'Nuestra América	70
4.8	Enfoques en la educación en 'Nuestra América' y 'Young India'	73

V. La relevancia actual de las ideas y acciones de Gandhi y Martí 76

5.1	Resumen de los hallazgos principales	76
5.2	Reflexión sobre la universalidad de los valores de la libertad y la justicia	78
5.2.1	La libertad como derecho universal	79
5.2.2	La justicia como pilar de la sociedad	80
5.3	Aplicación contemporánea de los valores de libertad y justicia defendidos por Gandhi y Martí	82
5.3.1	Resistencia No Violenta	83
5.3.2	Justicia social y económica	83
5.3.3	Soberanía y autodeterminación	84
5.3.4	Educación y participación ciudadana	84
5.4	Conflictos globales y soluciones desde la perspectiva de Gandhi y Martí	85
5.4.1	Guerras y conflictos fronterizos	86
5.4.2	Competencia armamentista y cultura de las armas	87

- 5.4.3 Terrorismo y extremismo 87
- 5.4.4. Tensiones en el Medio Oriente y Palestina 88
- 5.4.5 Falta de respeto por otras creencias 88
- 5.5 Propuestas para futuras investigaciones y estudios 88
  - 5.5.1 Análisis comparativo de la aplicación de los valores de libertad y justicia en diferentes contextos culturales 89
  - 5.5.2 Impacto de los movimientos sociales en la promoción de la justicia y la libertad 89
  - 5.5.3 Estudio sobre la efectividad de las políticas de justicia social en la reducción de desigualdades 90
  - 5.5.4 Libertad de expresión y censura en la era digital 90
  - 5.5.5 Interseccionalidad y justicia social: una perspectiva integradora 90
  - 5.5.6 Educación y derechos humanos: evaluación de programas educativos 91
  - 5.5.7 Evolución histórica de los conceptos de libertad y justicia 91

VI. Conclusiones Finales 93

Glosario de términos clave 100

Bibliografía 104
- Fuentes primarias: 104
- Fuentes Secundarias: 104

I. Introducción General

La lucha por la libertad y la justicia y la formación del nacionalismo son procesos históricos complejos que han moldeado las identidades de las naciones. En este contexto, Mahatma Gandhi y José Martí emergen como dos figuras influyentes que, a través de sus escritos y acciones, articulan visiones poderosas y distintivas de estos conceptos en sus respectivos textos "Young India" y "Nuestra América". Este estudio tiene como objetivo analizar en profundidad los conceptos de libertad, justicia y nacionalismo tal como fueron presentados por Gandhi y Martí, explorando sus similitudes, diferencias y su relevancia contemporánea.

Pregunta de investigación:

¿Cómo se reflejan y entrelazan los conceptos de libertad, justicia y nacionalismo en las obras 'Young India' de Gandhi y 'Nuestra América' de José Martí? Y, ¿cómo estas ideas continúan siendo relevantes en la lucha contemporánea por la justicia social y los derechos humanos?

Hipótesis de investigación:

A través del presente estudio se espera encontrar similitudes y diferencias significativas en los enfoques de Gandhi y Martí hacia la libertad y el nacionalismo, reflejadas en sus estrategias de resistencia y visiones de identidad nacional. Se hipotetiza que estas diferencias influirán en la percepción y efectividad de sus movimientos en la lucha contra la dominación colonial.

Objetivo de investigación:

El objetivo de esta investigación es realizar un análisis comparativo exhaustivo de las ideas de libertad y nacionalismo en "Young India" y "Nuestra América", explorando cómo estas ideas se

traducen en estrategias de resistencia y contribuyen a la formación de identidades nacionales en contextos coloniales. Se busca también comprender el legado de Gandhi y Martí en las narrativas postcoloniales y su relevancia en la actualidad para los movimientos de justicia social y derechos humanos.

La resistencia es un tema fundamental que ha resonado a lo largo de la historia, manifestándose como un eco persistente de la lucha por la libertad y la identidad nacional. En el vasto panorama de la literatura y el pensamiento político, dos figuras destacadas emergen como símbolos de esperanza y guía en momentos de adversidad: Mahatma Gandhi y José Martí. A través de sus escritos, estos titanes intelectuales no solo desafiaron el "*status quo*" de sus respectivos contextos históricos, sino que también delinearon un camino hacia la emancipación y la autodeterminación para sus pueblos.

El análisis de los conceptos de libertad y nacionalismo en "Young India" de Gandhi y "Nuestra América" de José Martí cobra una relevancia aún mayor en este contexto. Estas obras no son simples textos, sino testamentos vivos de la lucha por la justicia y la identidad nacional. Al explorar detenidamente las ideas y reflexiones presentadas por estos dos grandes pensadores, podemos desentrañar las complejidades de la resistencia y la lucha por la libertad en sus respectivos contextos históricos.

En "Young India", Gandhi aborda temas fundamentales como la resistencia pacífica y la no violencia como herramientas para liberar a la India del dominio colonial británico. Por otro lado, en "Nuestra América", José Martí presenta una visión única del nacionalismo latinoamericano y la lucha por la independencia de las naciones latinoamericanas del dominio extranjero.

A través del análisis comparativo de estas dos obras, podemos profundizar nuestra comprensión de los desafíos y las aspiraciones compartidas por los pueblos de la India y América Latina en su lucha por la libertad y la autodeterminación. Este análisis nos permite apreciar la riqueza y la diversidad de la resistencia en diferentes contextos culturales y políticos, y nos invita a reflexionar sobre la universalidad de los valores de la libertad y la justicia en la lucha por un mundo más equitativo y libre.

Declaración del problema: justificación del tema

La elección de este tema surge de la necesidad de comprender y analizar a profundidad el papel fundamental que juegan los conceptos de libertad y nacionalismo en la resistencia histórica. En un mundo marcado por conflictos políticos y sociales, es imperativo explorar cómo estas ideas han influido en la lucha por la libertad y la identidad nacional en diferentes contextos culturales y políticos. La comprensión de este tema nos permite no solo contextualizar los eventos históricos pasados, sino también arrojar luz sobre los desafíos contemporáneos que enfrentan las sociedades en su búsqueda de justicia y autodeterminación. Además, al analizar las obras de Gandhi y Martí, dos figuras emblemáticas en la historia de la resistencia, podemos extraer lecciones valiosas que siguen siendo relevantes en el mundo actual, proporcionando una perspectiva enriquecedora para abordar los problemas sociales y políticos del presente.

Declaración del problema: utilidad del tema en el escenario actual

En el contexto actual, marcado por tensiones políticas y sociales en todo el mundo, el tema de la resistencia, la libertad y el nacionalismo adquiere una relevancia crítica. El análisis de las obras de Gandhi y Martí nos brinda una visión profunda de los principios fundamentales que han guiado la lucha por la justicia y la libertad a lo largo de la historia. Estos principios continúan siendo

relevantes en la actualidad, ofreciendo perspectivas valiosas para abordar los problemas contemporáneos como la opresión, la discriminación y la injusticia. Al comprender las complejidades de la resistencia y el nacionalismo en diferentes contextos culturales, podemos encontrar caminos hacia soluciones más inclusivas y equitativas para los desafíos que enfrenta la sociedad moderna. En resumen, el estudio de este tema no solo nos ayuda a entender mejor nuestro pasado, sino que también nos proporciona herramientas para construir un futuro más justo y prometedor para todos.

Estructura y organización del libro.

Este libro está compuesto por un total de seis capítulos, incluida la introducción:

Capítulo 1: Ofrece una introducción general y contextualiza el estudio sobre los conceptos de libertad y nacionalismo en las obras de Gandhi y Martí.

Capítulo 2: Analiza los conceptos de libertad y nacionalismo en "Young India" de Gandhi, explorando sus filosofías de verdad, no violencia y las críticas a la civilización occidental.

Capítulo 3: Se centra en "Nuestra América" de José Martí, abordando sus ideas sobre la libertad, la identidad cultural, la justicia social y la unidad latinoamericana.

Capítulo 4: Compara y contrasta las ideas de Gandhi y Martí, destacando similitudes y divergencias en sus concepciones de libertad y nacionalismo.

Capítulo 5: Reflexiona sobre la relevancia actual de las ideas y acciones de ambos líderes, proponiendo su aplicabilidad en contextos contemporáneos y futuros estudios.

Capítulo 6: Concluye el libro y proporciona una bibliografía completa de las fuentes utilizadas.

A continuación, se presenta un desglose detallado de lo que se examina en cada uno de estos capítulos.

Después del primer capítulo que es la introducción, el segundo capítulo se centra en "Young India", utilizado por Gandhi para difundir sus pensamientos y estrategias para la independencia de India. El análisis se estructura en varias secciones clave:

La filosofía de Gandhi sobre la libertad:

Libertad a través de las restricciones: Se explora cómo Gandhi veía la libertad no como una ausencia de restricciones, sino como una disciplina interna y autocontrol. Argumentaba que la verdadera libertad se alcanza mediante la autorregulación y la adherencia a principios morales.

Principios de Verdad y No Violencia: Gandhi enfatizaba la importancia de la verdad (Satya) y la no violencia (Ahimsa) como pilares fundamentales de su concepto de libertad. Estas virtudes no solo guiaban su vida personal sino también su lucha política.

Diferentes percepciones de la libertad:

La obsesión occidental con la libertad: Se discute la crítica de Gandhi a la percepción occidental de la libertad, que a menudo está ligada al individualismo y al materialismo. Gandhi promovía una visión de libertad más holística e interdependiente.

La India moderna y el enfoque oriental: Contrasta la visión occidental con la perspectiva oriental, subrayando la importancia de la comunidad y la espiritualidad en la concepción de la libertad en la India moderna.

La relación entre la libertad y el estado: La importancia de la autorregulación: Gandhi veía al estado no como una entidad opresiva, sino como una estructura que debería fomentar la autorregulación y la justicia.

Las repercusiones negativas de la acción humana sin restricciones: Se analizan las consecuencias negativas de la libertad sin límites, destacando la necesidad de restricciones morales para mantener la armonía social.

Tipos de libertad según el pensamiento de Gandhi: Se desglosan los diferentes tipos de libertad (política, económica, social y espiritual) que Gandhi consideraba esenciales para una sociedad justa y armoniosa.

La filosofía de No Violencia de Gandhi:

Satyagraha: La Principal Contribución de Gandhi: Se examina la Satyagraha, la estrategia de resistencia no violenta que Gandhi desarrolló como una forma efectiva de lucha política.

Impacto de la Satyagraha en la Lucha contra los británicos: Se presentan ejemplos clave de la aplicación de la Satyagraha, como la Marcha de la Sal (1930), el Movimiento "Quit India" (1942) y la Campaña de No Cooperación (1920-1922). Estos eventos demostraron cómo la no violencia podía desafiar eficazmente la opresión colonial.

El cambio moral en los opresores y los oprimidos: Se analiza cómo la Satyagraha buscaba transformar moralmente tanto a los opresores como a los oprimidos.

Inspiración para movimientos de derechos civiles y justicia social: Se explora la influencia de las tácticas de Gandhi en movimientos globales de derechos civiles y justicia social.

Conceptualización de "nacionalismo" en "Young India":

Se analiza cómo Gandhi conceptualizaba el nacionalismo, destacando su enfoque inclusivo y su respeto por la diversidad cultural y religiosa de India.

Crítica de la civilización occidental en "Young India":

Se examina la crítica de Gandhi al materialismo y la falta de moralidad de la civilización occidental, proponiendo una alternativa basada en los valores tradicionales indios.

El tercer capítulo **Conceptos de Libertad y Nacionalismo en "Nuestra América" de José Martí** analiza "Nuestra América", un ensayo seminal de José Martí que aboga por la independencia y unidad de los pueblos latinoamericanos. La estructura de este capítulo es la siguiente:

Introducción a José Martí:

Juventud y primeras influencias: Se ofrece un contexto biográfico de Martí, incluyendo su juventud y las primeras influencias que moldearon su pensamiento.

Activismo político y exilio: Se examina su activismo político y los periodos de exilio que fueron cruciales para su desarrollo ideológico.

La guerra de independencia y muerte: Se discute su papel en la Guerra de Independencia de Cuba y su legado tras su muerte.

Legado literario e intelectual de Martí:

Se exploran las contribuciones literarias e intelectuales de Martí y su impacto en la literatura y la política latinoamericana.

Los temas en las obras de Martí:

Libertad y autonomía nacional: Se analiza la centralidad de la libertad y la autonomía en sus escritos.

Identidad y cultura: Se exploran sus ideas sobre la identidad y la cultura latinoamericana.

Justicia social y derechos humanos: Se discuten sus propuestas de justicia social y derechos humanos.

Unidad latinoamericana: Martí abogaba por la unidad de los pueblos latinoamericanos como una forma de resistir el imperialismo.

Importancia de la educación: Se resalta la importancia que Martí daba a la educación como un medio de emancipación.

Influencia de Martí en la Revolución Cubana:

Se examina cómo las ideas de Martí influyeron en la Revolución cubana y su legado como mártir de la independencia.

Análisis de los temas de libertad y nacionalismo en "Nuestra América":

Se profundiza en cómo Martí conceptualizaba la libertad y el nacionalismo en su obra, criticando el capitalismo industrialista y el imperialismo estadounidense.

Conceptos de nacionalismo y unidad Latinoamericana en "Nuestra América":

Se analiza la visión de Martí sobre el nacionalismo y la unidad latinoamericana, destacando su llamado a la solidaridad y la resistencia contra la dominación extranjera.

El capítulo 4 examina las similitudes y divergencias en las Ideas de Gandhi y Martí y ofrece un análisis comparativo de las ideas de Gandhi y Martí, organizado en las siguientes secciones:

Contexto histórico de India y Cuba:

Contexto histórico de India: Se proporciona un contexto histórico de la lucha de India por la independencia, subrayando las circunstancias que influyeron en las ideas de Gandhi.

Contexto histórico de Cuba: Se describe el contexto histórico de la lucha de Cuba por la independencia, destacando los eventos que moldearon el pensamiento de Martí.

Influencias filosóficas y literarias:

Se exploran las influencias filosóficas y literarias que impactaron a Gandhi y Martí, identificando convergencias y divergencias en sus enfoques.

Similitudes y divergencias en la concepción de libertad y nacionalismo:

Se comparan las visiones de libertad y nacionalismo de Gandhi y Martí, resaltando tanto las similitudes en sus objetivos de justicia y autonomía como las diferencias en sus métodos y filosofías.

Relevancia de las ideas de Gandhi y Martí en narrativas postcoloniales:

Se discute la relevancia contemporánea de sus ideas en movimientos postcoloniales y de justicia social.

Comparación de estilos literarios en 'Young India' y 'Nuestra América':

Se analiza cómeo los estilos literarios de Gandhi y Martí reflejan sus filosofías y estrategias políticas.

Enfoques en la educación en 'Nuestra América' y 'Young India':

Se compara cómo ambos líderes veían la educación como una herramienta crucial para la emancipación y el desarrollo social.

El capítulo 5 "La Relevancia Actual de las Ideas y Acciones de Gandhi y Martí" reflexiona sobre la aplicabilidad contemporánea de las ideas de Gandhi y Martí, estructurado en las siguientes secciones:

Resumen de hallazgos principales:

Se sintetizan los hallazgos clave del análisis comparativo de las ideas de libertad y nacionalismo en las obras de Gandhi y Martí.

Reflexión sobre la universalidad de los valores de libertad y justicia:

Se reflexiona sobre cómo los valores de libertad y justicia defendidos por Gandhi y Martí son universales y aplicables en diferentes contextos históricos y culturales.

Aplicación contemporánea:

Se examinan ejemplos actuales de cómo las ideas de Gandhi y Martí pueden aplicarse a conflictos globales y movimientos de justicia social.

Propuestas para futuras investigaciones:

Análisis comparativo de la aplicación de los valores de libertad y justicia en diferentes contextos culturales:

Se sugiere explorar cómo estos valores se implementan en diversas culturas.

Impacto de los movimientos Sociales en la promoción de la justicia y la libertad:

Se propone investigar cómo los movimientos sociales actuales se inspiran en las ideas de Gandhi y Martí.

Estudio sobre la efectividad de las políticas de justicia social en la reducción de desigualdades: Se plantea la necesidad de evaluar la efectividad de las políticas de justicia social en diferentes contextos.

Libertad de expresión y censura en la Era Digital:

Se sugiere investigar cómo los conceptos de libertad de expresión se enfrentan a los desafíos de la era digital.

Evolución histórica de los conceptos de libertad y justicia: Se propone un estudio sobre cómo estos conceptos han evolucionado a lo largo del tiempo.

El último capítulo ofrece una conclusión que resume los hallazgos principales del estudio y reflexiona sobre la importancia duradera de las ideas de Gandhi y Martí. Se incluye también una bibliografía que respalda la investigación y proporciona recursos para un estudio más profundo.

II. Conceptos de libertad y nacionalismo en "Young India" de Gandhi

Introducción

"Young India" fue un periódico semanal en inglés publicado por Mohandas Karamchand Gandhi desde 1919 hasta 1931. A través de este medio, Gandhi difundió numerosas citas y reflexiones que inspiraron a muchos. Utilizó "Young India" para propagar su ideología única y sus pensamientos sobre el uso de la no violencia en la organización de movimientos, y para instar a los lectores a considerar, organizar y planificar la eventual independencia de la India del dominio británico. Este periódico se convirtió en una plataforma esencial para Gandhi, permitiéndole comunicar sus estrategias y filosofías de manera amplia y eficaz. En sus páginas, abogó por la resistencia pacífica y la desobediencia civil como herramientas poderosas para enfrentar la injusticia y la opresión. Además, "Young India" fue fundamental para unir a la población india en una lucha común, al tiempo que educaba e inspiraba a las masas a través de sus mensajes claros y persuasivos. La importancia histórica de "Young India" radica no solo en su contenido, sino también en su capacidad para movilizar a la población y generar un cambio significativo. Este valioso recurso ha sido digitalizado por el Gandhi Heritage Portal, asegurando que las futuras generaciones puedan acceder y aprender de las enseñanzas y estrategias que Gandhi compartió a través de sus páginas.

Mahatma Gandhi, en varios artículos publicados en el periódico "Young India", presenta una visión única de la libertad y el nacionalismo que difiere significativamente de las nociones occidentales predominantes de su tiempo. En lugar de concebir la libertad como la ausencia de restricciones, Gandhi propone una forma de libertad que se logra a través de la autodisciplina y laautorregulación. Este capítulo explora la filosofía de Gandhi sobre la libertad y el nacionalismo, analizando cómo estas ideas se entrelazan y contribuyen a su visión de una sociedad justa y armoniosa.

Aquí se muestran unos ejemplares de la portada de la revista "Young India", en la cual Mahatma Gandhi expresó por escrito sus opiniones y puntos de vista sobre muchos temas importantes. La revista sirvió como un medio poderoso para difundir mensajes de resistencia, libertad y nacionalismo durante el movimiento de independencia de la India[11].

Algunos ejemplos de los pensamientos de Gandhi publicados en "Young India" son los siguientes:

---

[1] Sabarmati Ashram Preservation and Memorial Trust, Young India journal. Gandhi Heritage Portal. Recuperado el 11 de julio de 2024, de https://www.gandhiheritageportal.org/journals-by- gandhiji/young-india.

1. " Non-cooperation with evil is as much a duty as cooperation with good."[2]

   " La no cooperación con el mal es tan deber como la cooperación con el bien."

2. "An eye for an eye only ends up making the whole world blind."[3]

   " Un ojo por ojo solo termina haciendo ciego a todo el mundo."

3. "You must be the change you wish to see in the world."[4]

   "Debes ser el cambio que deseas ver en el mundo."

2.1 La filosofía de Gandhi sobre la libertad.

La visión de Gandhi sobre la libertad está centrada en la autodisciplina y la autorregulación. Gandhi presenta una alternativa radical a las nociones occidentales de libertad. Enfatizando los principios de verdad y no violencia, Gandhi promovió un enfoque de la libertad que busca el equilibrio y la armonía social, destacando la importancia de la responsabilidad individual y colectiva en la creación de una sociedad justa y libre.

2.1.1 Libertad a través de las Restricciones

En el pensamiento gandhiano, la noción de "libertad de las restricciones" se transforma en "libertad a través de las restricciones". Esta diferencia teórica cambia la naturaleza y el contenido de lasrestricciones, impactando fuertemente en el

---

[2] Gandhi, M. K. (1920, August). Young India, Edition 34.
[3] Gandhi, M. K. (1929, March). Young India, Edition 11.
[4] Gandhi, M. K. (1923, April). Young India, Edition 17.

tema central de la libertad. En la primera formulación, la restricción se refiere a las limitaciones impuestas por otros, mientras que, en la segunda, se refiere a las autoimpuestas. La autorregulación y la autodisciplina, en lugar de limitar la libertad del individuo, la aumentan.

2.1.2 Principios de Verdad y No Violencia

Los principios de verdad y no violencia, y no el estado, regulan el comportamiento individual y colectivo, protegiendo la integridad de la sociedad humana. Gandhi enfatiza la contribución del individuo a la armonía social y considera la intervención estatal como una desgracia.

2.2 Diferentes Percepciones de la Libertad

Las formas divergentes de pensamiento relacionadas con las percepciones de la relación de uno consigo mismo y con los demás moldean y remodelan las formulaciones teóricas, que a su vez son moldeadas por una variedad de factores socioeconómicos. Para Gandhi, la libertad personal es la capacidad de vivir de acuerdo con sus propios valores y principios sin ser controlado por otros. Esto incluye la independencia del miedo y la opresión. Él creía que la verdadera libertad era espiritual y se lograba mediante la autodisciplina y la autorrealización. Esto significa tener control sobre uno mismo y vivir una vida moral y ética. Para el, la libertad no solo era individual sino también colectiva. Creía que una sociedad libre es aquella donde todos los miembros tienen igualdad de oportunidades y derechos, sin discriminación ni explotación. Además, promovía la autosuficiencia como una forma de libertad. Creía que las comunidades deberían serautosuficientes en la medida de lo posible, produciendo sus propios alimentos y bienes para no depender de otros[5].

Estas diferentes percepciones de libertad enfatizan el poder espiritual de Gandhi para luchar contra todo tipo de injusticias, no solo contra el dominio británico, sino también contra cualquier otro obstáculo.

2.2.1 La Obsesión Occidental con la Libertad

Históricamente, la obsesión de Occidente con la libertad y el deseo de liberar al individuo de todo tipo de restricciones provienen de la existencia de un poder centralizado fuerte, ya sea religioso o político. En contraste, en la India, los principios ético-religiosos guiaron el comportamiento de las personas y las comunidades y establecieron los límites de todas las instituciones, incluido el estado.

2.3. La India Moderna y el Enfoque Oriental

En la India moderna, enfrentada a numerosas conmociones en las esferas socio-religiosas y político-económicas con la llegada del dominio británico, surgieron tres corrientes principales de pensamiento. Gandhi pertenecía al tercer grupo, el de los moderados, que intentaron sintetizar lo bueno tanto de los modelos occidentales como orientales, inclinándose más hacia el modelo oriental. El grupo de tradicionalistas buscaba preservar y volver a las tradiciones y prácticas culturales y religiosas de la India. Rechazaban las influencias occidentales y querían mantener la identidad y los valores tradicionales de la sociedad india. En cambio, los occidentalistas abogaban por la adopción de ideas y prácticas occidentales. Creían que la modernización y el progreso de la India dependían de la

---

[5] Deshpande, M. (1995). Understanding Gandhi's concept of liberty. *Gandhi Marg*, 17(3), October-December. Recuperado de https://www.mkgandhi.org/.

asimilación de la ciencia, la tecnología y las instituciones políticas occidentales.

2.4 La Relación entre la Libertad y el Estado

La teoría política en India tiene una relación diferente con el estado en comparación con Occidente. En lugar de enfocarse en la libertad individual y la liberación de restricciones, como es común en el pensamiento occidental, la teoría política en India se centró en la lealtad al patrón existente de restricciones y deberes. Según Gandhi, esta visión se basa en los principios ético-religiosos que guían el comportamiento individual y colectivo, estableciendo un marco de deberes y responsabilidades hacia la comunidad y el estado.

2.4.1 La importancia de la autorregulación

La falta de autorregulación en individuos, grupos y naciones lleva a numerosos problemas socioeconómicos que limitan la libertad. Gandhi creía que la autorrestricción era fundamental para recuperar la libertad perdida.

2.4.2 Las repercusiones negativas de la acción humana sin restricciones

La conducta descontrolada de los individuos, motivada por la codicia, es la raíz de una cadena de males socioeconómicos. La autorregulación, en la forma de minimizar las necesidades personales y practicar la "tutela" (mantener el exceso de propiedad como un fideicomiso de la sociedad), es esencial para liberar tanto al individuo como a las víctimas de los pecados sociales.

2.5 Tipos de libertad según el pensamiento de Gandhi.

Gandhi desalentó la noción de que la democracia significaba libertad económica a expensas de la libertad personal o libertad política sin libertad económica. Para él, la verdadera democracia implicaba un equilibrio entre todas las formas de libertad. No se trataba solo de la capacidad de votar o participar en el proceso político, sino de asegurar que cada individuo tuviera la posibilidad de vivir una vida digna, con acceso a los recursos necesarios para su bienestar.

"Mi concepción de la libertad no es una concepción estrecha," declaró en Harijan el 7 de junio de 1942 (Harijan (literalmente, hijos de Dios, un término acuñado por Gandhi para referirse a los dalits o intocables) fue una revista semanal fundada por Mahatma Gandhi que se publicó desde 1933 hasta 1955). **"Es coextensiva con la libertad del hombre en todo su esplendor."** Con estas palabras, Gandhi subrayaba que la libertad debía abarcar todos los aspectos de la vida humana. No solo era importante la libertad política o la económica, sino también la libertad personal e interna. Para Gandhi, una persona no podía considerarse verdaderamente libre si su mente y su espíritu estaban oprimidos, independientemente de su situación económica o política.

Gandhi creía firmemente en la no violencia y la verdad como medios para alcanzar esta libertad integral. La libertad interna, un estado mental de paz y claridad, era fundamental para la liberación externa. Según Gandhi, "solo a través de la verdad (satya) y la no violencia (ahimsa) se podía alcanzar una libertad completa y auténtica", tal como dice el Dr. Ram Ponnu en su ensayo "Ahimsa: Its Theory and Practice in Gandhism." [6]

Así, su visión de la libertad no se limitaba a la ausencia de opresión física o económica, sino que incluía la liberación del alma y la mente. Esta visión holística de la libertad es lo que diferenciaba el pensamiento de Gandhi y lo hacía tan poderoso y relevante en su lucha por la independencia y la justicia social.

---

[6] Ponnu, R. *Ahimsa: Its theory and practice in Gandhism*. Recuperado el 11 de julio de 2024, from https://mkgandhi.org/

2.6 La Filosofía de No Violencia de Gandhi

Gandhi no inventó la no violencia, pero la elevó a un nivel nunca antes alcanzado. La denominó "Satyagraha", que significa literalmente "fuerza de la verdad" o "fuerza del alma". Gandhi veía la violencia como algo negativo y distinguía entre la violencia pasiva y la violencia física.

La violencia pasiva, según Gandhi, es una práctica diaria que, consciente o inconscientemente, alimenta la violencia física. La raíz sánscrita de la palabra violencia, "himsa", significa lesión, y en medio de una era de hipertensión, Gandhi enseñaba que quien posee la no violencia es bendecido[7].

Para Gandhi, la violencia perpetúa el odio, y cualquier "bien" que pueda lograr es solo temporal. Un verdadero activista de la no violencia acepta la violencia sobre sí mismo sin infligirla a otros. Este es el heroísmo que Gandhi defendía. En su filosofía, la no violencia es una fuerza superior a cualquier arma de destrucción masiva. Es un arma perfecta para combatir la violencia, ya que se basa en "ahimsa", un término que implica mucho más que la mera ausencia de violencia física: implica amor y respeto hacia todos los seres.

2.6.1 Satyagraha: La principal contribución de Gandhi

"Satyagraha"[8] es la esencia del gandhismo, y a través de ella, Gandhi introdujo un nuevo espíritu en el mundo. La palabra "Satyagraha" es una combinación de dos sustantivos sánscritos: "satya", que significa verdad, y "agraha", que

---

[7] Gandhi, M. (1931). *Obras completas* (Vol. 47).

[8] Presión para la reforma social y política a través de la resistencia pasiva y amistosa practicada por M. K. Gandhi y sus seguidores en la India. Merriam-Webster. (n.d.). Satyagraha según el Merriam-Webster.com dictionary. https://www.merriam-webster.com/dictionary/satyagraha.

significa firmeza. Por lo tanto, "Satyagraha" literalmente significa devoción a la verdad y resistencia activa pero no violenta a la falsedad. Para Gandhi, la única manera de alcanzar la verdad era a través de la no violencia (amor), lo que implica una búsqueda inquebrantable de la verdad usando la no violencia.

En su revista semanal "Harijan", Gandhi nos habla sobre la búsqueda de la verdad y la importancia de alzar la voz contra la injusticia:

> *"The quest for truth cannot be prosecuted in a cave. Silence makes no sense where it is necessary to speak. One may live in a cave in certain circumstances, but the common man can be tested only in society."[9]*

("La búsqueda de la verdad no puede llevarse a cabo en una cueva. El silencio no tiene

sentido donde es necesario hablar. Uno puede vivir en una cueva en ciertas circunstancias, pero el hombre común solo puede ser puesto a prueba en la sociedad.").

David M. Traboulay ha detallado varios aspectos del movimiento de Satyagraha de Gandhi en su obra académica Mahatma Gandhi's Satyagraha and Non Violent Resistance (1997).

"El 11 de septiembre de 1906, Gandhi lanzó su primer movimiento de Satyagraha en el antiguo teatro Empire en Johannesburgo cuando organizó una reunión masiva de unos

---

[9] M.K. Gandhi, Harijan, July 18, 1948

3,000 indios, pidiendo la retirada de la ordenanza que requería que los indios fueran fichados y llevaran tarjetas de identificación. Afirmó que tal legislación era malvada y aceptarla era cobardía. Al instar a los indios a boicotear el registro, les pidió que miraran hacia adentro y escucharan la voz interior de su conciencia para determinar si tenían el valor de enfrentarse al gobierno, y luego tomar unsolemne juramento de resistir y afrontar las consecuencias. La emoción llenaba el aire y se hicieron promesas de resistencia"[10].

David M. Traboulay también expone en su tesis el auténtico propósito del Satyagraha de Gandhi: "El Satyagraha de Gandhi, como movimiento político y social, tenía como propósito primordial la creación de una comunidad india y la solidaridad como medio para sanar la fragmentación causada por su historia e imperialismo; una comunidad que practicara el respeto por la diversidad de religiones y culturas de la India, donde no hubiera intocabilidad ni desigualdad social de casta y género, y donde todos tuvieran oportunidades para ganarse la vida. De hecho, a menudo parecía que Gandhi consideraba su programa constructivo tan importante como el movimiento por la independencia. Reconocía que llevar a cabo esta visión tomaría tiempo y solo podría lograrse en un sistema democrático de gobierno descentralizado."[11]

2.6.2 Impacto de la Satyagraha en la lucha contra los británicos

La Satyagraha no buscaba evitar el conflicto, sino enfrentarlo directamente de una manera que transformara tanto a los opresores como a los oprimidos. A través de este enfoque,

---

[10] Traboulay, D. M. (1997). *Mahatma Gandhi's Satyagraha and Non Violent Resistance* (pp. 58- 59). City University of New York.

[11] Traboulay, D. M. (1997). Mahatma Gandhi's Satyagraha and Non Violent Resistance (pp. 419- 420). City University of New York.

Gandhi pretendía no solo lograr la independencia de India, sino también provocar un cambio moral en la sociedad y en las relaciones de poder. Este método, que implicaba la resistencia activa y la voluntad de sufrir por la causa, fue utilizado en varios movimientos importantes, cada uno de los cuales demostró la efectividad y el poder de esta filosofía.

Ejemplos clave de Satyagraha en la lucha por la independencia:

2.6.3 La Marcha de la Sal (1930) [12]

Una de las demostraciones más emblemáticas de Satyagraha fue la Marcha de la Sal. En 1930, Gandhi lideró a miles de indios en una marcha de 240 millas desde Sabarmati hasta Dandi para protestar contra el impuesto británico a la sal. Este acto de desobediencia civil fue una protesta directa contra una ley injusta que afectaba a la población india en general, especialmente a los pobres. La Marcha de la Sal no solo desafió el monopolio británico sobre la producción y venta de sal, sino que también unió a millones de indios en una causa común. La cobertura mediática internacional de la marcha y la consiguiente represión violenta por parte de los británicos generaron una ola de simpatía y apoyo mundial para el movimiento de independencia de India.

2.6.4 El Movimiento "Quit India" (1942)

El Movimiento "Quit India" también es conocido como el Movimiento de Agosto de la India o Bharat Chhodo Andolan. Este movimiento, iniciado por Mahatma Gandhi el 8 de agosto de 1942, buscaba exigir el fin del dominio británico en India a través de la desobediencia civil masiva. Fue un evento

---

[12] La Marcha de la Sal, también conocida como la Salt Satyagraha, Marcha de Dandi y Dandi Satyagraha, fue un acto de desobediencia civil no violenta en la India colonial, liderado por Mahatma Gandhi.

significativo en la lucha por la independencia de India, marcando un giro decisivo en la lucha contra el dominio colonial[13].

En 1942 Gandhi lanzó el Movimiento "Quit India", un llamado a la retirada inmediata de los británicos de India. Este movimiento fue una manifestación masiva de Satyagraha que incluyó huelgas, manifestaciones y la no cooperación generalizada con las autoridades británicas.

El Dr. Shridhar Charan Sahoo, en su artículo "Mahatma Gandhi and the Quit India Movement - A Study of Gandhian Strategy and Dynamics", publicado en Odisha Review, destaca el significativo impacto del Movimiento "Quit India" en la lucha por la independencia[14];

---

[13] Encyclopaedia Britannica. Quit India Movement. En Britannica.com. Recuperado de https://www.britannica.com/event/Quit-India-Movement

[14] Sahoo, S. C. (2017). Mahatma Gandhi and the Quit India Movement - A study of Gandhian strategy and dynamics. Odisha Review, pp. 34.

"The Quit India Resolution of August 8, 1942 and Gandhi's historic speech with his mantra of "Do or Die" provided the foundation to the unconquerable spirit and determination shown by our people in the Quit India movement to achieve India's Freedom"[15].

"La Resolución de Quit India del 8 de agosto de 1942 y el histórico discurso de Gandhi con su mantra de "Do or Die" proporcionaron la base para el espíritu indomable y la determinación mostrada por nuestro pueblo en el movimiento Quit India para lograr la Libertad de la India".

A pesar de la represión brutal y el encarcelamiento de miles de líderes del Congreso Nacional Indio, incluido Gandhi, el movimiento logró desestabilizar el control británico y demostró la determinación inquebrantable del pueblo indio para lograr su independencia.

---

[15] Mishra, P. (2018, October 15). *Gandhi for the post-truth age*. *The New Yorker*. https://www.newyorker.com/magazine/2018/10/15/gandhi-for-the-post-truth-age

2.6.5 La Campaña de No Cooperación (1920-1922)

La Campaña de No Cooperación, iniciada en 1920, fue otra aplicación significativa de Satyagraha. Gandhi pidió a los indios que boicotearan las instituciones educativas, los tribunales de justicia y los productos británicos, y que renunciaran a sus títulos y cargos gubernamentales. Este movimiento de desobediencia civil pacífica logró una participación masiva y mostró el poder del pueblo indio para resistir sin recurrir a la violencia. La campaña culminó en un boicot económico y social que debilitó significativamente la administración británica y mostró al mundo la fuerza del movimiento nacionalista indio[16].

2.6.6 El cambio moral en los opresores y los oprimidos

La insistencia en la verdad y la no violencia generó un cambio moral tanto en los opresores como en los oprimidos. Para los británicos, la resistencia pacífica pero firme de los indios desafió la legitimidad moral de su dominio colonial.

"The aim of satyagraha was to arouse the conscience of oppressors and invigorate their victims with a sense of moral agency" (El objetivo del satyagraha era despertar la conciencia de los opresores y vigorizar a sus víctimas con un sentido de agencia moral), dice Pankaj Mishra en su artículo "Gandhi for the Post-Truth Age" publicado en la revista THE NEW YORKER, October 15, 2018[17].

La brutal represión de manifestaciones pacíficas, como la masacre de Amritsar en 1919, donde las tropas británicas dispararon contra miles de manifestantes desarmados, expuso

---

[16] Encyclopaedia Britannica. Non-Cooperation Movement. Encyclopaedia Britannica. https://www.britannica.com/event/noncooperation-movement

[17] Mishra, P. (2018, October 15). *Gandhi for the post-truth age*. The New Yorker. https://www.newyorker.com/magazine/2018/10/15/gandhi-for-the-post-truth-age

la violencia inherente del régimen colonial y socavó su autoridad moral tanto en India como en el extranjero.

Para los indios, la Satyagraha promovió un sentido de dignidad y empoderamiento. Al elegir la no violencia y la resistencia pacífica, los indios pudieron mantener una superioridad moral sobre sus opresores, demostrando que su lucha no se basaba en el odio, sino en la justicia y la verdad. Este enfoque ayudó a unir a la diversa población de India en una lucha común por la independencia y creó un movimiento de masas basado en principios éticos y morales.

2.6.7 Inspiración para movimientos de derechos civiles y justicia social

El impacto de la Satyagraha y la ahimsa de Gandhi trascendió las fronteras de India e inspiró a movimientos de derechos civiles y justicia social en todo el mundo. Líderes como Martin Luther King Jr. en Estados Unidos y Nelson Mandela en Sudáfrica adoptaron la filosofía de la no violencia y la resistencia pacífica en sus propias luchas contra la segregación racial y el apartheid. La influencia de Gandhi se hizo evidente en la forma en que estos líderes y sus movimientos lograron cambios significativos sin recurrir a la violencia, manteniendo un enfoque en la justicia y la igualdad.

2.7 Conceptualización de "nacionalismo" en "Young India"

En "Young India" Gandhi redefine el nacionalismo como un movimiento ético y espiritual más que político. Para él, el verdadero nacionalismo no es agresivo ni exclusivista, sino inclusivo y compasivo. Propugna una forma de nacionalismo que abraza la diversidad cultural y religiosa de la India, buscando la unidad a través del respeto mutuo y la cooperación voluntaria.

Gandhi escribió en 'Young India', 13 de octubre de 1921, que

> "Indian nationalism is not exclusive, nor aggressive, nor destructive. It is health-giving, religious and, therefore, humanitarian."

> *"El nacionalismo indio no es exclusivo, ni agresivo, ni destructivo. Es saludable, religioso y, por lo tanto, humanitario."*

Además, Gandhi escribió 'Young India', 12 de marzo de 1925,

> "My nationalism is as broad as my Swadeshi. I want India's rise so that the whole world may benefit. I do not want India to rise on the ruin of other nations."

> *"Mi nacionalismo es tan amplio como mi Swadeshi. Quiero el progreso de la India para que todo el mundo se beneficie. No quiero que India se eleve a expensas de otras naciones."*

Central en su visión está la noción de swaraj (autogobierno), no solo como una forma de liberación política del dominio colonial británico, sino como un estado de autocontrol y autodeterminación individual y colectiva. Gandhi veía el nacionalismo como una fuerza que capacita a las personas para asumir la responsabilidad de sus vidas y su comunidad, promoviendo la autosuficiencia económica y la justicia social a través de medios no violentos.

Gandhi discutió la idea del nacionalismo por primera vez en profundidad en la obra seminal 'Hind Swaraj o el Autogobierno Indio' en 1909. Sin embargo, rara vez utilizó el término 'nación'. Usaba los términos 'Swaraj', 'Swadeshi' o Civilización India. Gandhi usaba la palabra Praja para referirse a la nación. Sentía que la noción tradicional de Praja ofrecía una base sobre la cual se podía construir un nuevo edificio de un estado-nación indio moderno y compuesto.

En Hind Swaraj, abogó por el desarrollo de un nacionalismo moderado y liberal basado en el concepto de Praja. Gandhi mencionaba que la India no era una colección heterogénea de grupos, sino que consistía en personas que compartían aspiraciones e intereses comunes y un compromiso vago pero real con un tipo de civilización espiritual. En su mayoría, prefería las ideas de orgullo colectivo, lealtad ancestral, responsabilidad mutua y apertura intelectual y moral."[18]

2.8 Crítica de la civilización occidental en "Young India"

En la edición del 11 de diciembre de 1924 de Young India, Gandhi criticó la civilización occidental, que él creía estaba impulsada por el materialismo y la decadencia moral. Contrapuso estos valores con los de la civilización india, que según él estaban arraigados en la espiritualidad y la rectitud moral. Su crítica formaba parte de un discurso más amplio sobre el swadeshi (autosuficiencia), alentando a los indios a rechazar los productos y modos de vida occidentales en favor de los productos y prácticas locales.

Gandhi decía que la civilización occidental se enfocaba en el progreso material, descuidando el bienestar espiritual y moral de las personas. En sus escritos, mostraba cómo la búsqueda de riqueza y poder en Occidente había dañado los valores éticos y espirituales, creando una sociedad con menos moral. En contraste, él promovía la civilización india como un modelo de vida balanceada, donde la espiritualidad y la moralidad eran muy importantes.

---

[18] Mishra, A. D. (2022, January 13). Gandhi and Nationalism. Congress Sandesh Magazine.

Según lo que se destaca en la obra "All Men Are Brothers", Gandhi tomó una postura moderada mientras criticaba fuertemente la supremacía de los occidentales[19];

> "This, however, does not mean that I must act like a frog in the well. There is nothing to prevent me from profiting by the light that may come from the West. Only I must take care that I am not overpowered by the glamour of the West. I must not mistake the glamour for true light".
>
> *"Esto, sin embargo, no significa que deba actuar como una rana en el pozo. No hay nada que me impida aprovechar la luz que pueda venir de Occidente. Solo debo tener cuidado de no ser dominado por el glamour de Occidente. No debo confundir el glamour con la verdadera luz".*

Gandhi expresa su crítica a la civilización occidental también en su libro **Hind Swaraj**[20], que escribió en 1909 durante su viaje de regreso de Londres a Sudáfrica. Para entonces, los británicos estaban firmemente establecidos en la tierra india y estaban expandiendo su influencia en todos los aspectos de la vida. La introducción de ferrocarriles, el sistema legal, la medicina y la educación había comenzado a cambiar la naturaleza de la sociedad india. Gandhi examinó la naturaleza del colonialismo británico y, en el proceso, se dio cuenta de que el verdadero problema radica en la civilización occidental misma. Según Gandhi, la civilización occidental moderna se caracteriza por muchas características negativas como la codicia, la agresión, el colonialismo, la explotación, la

---

[19] Kripalani, K. (Ed.). (1958). All Men Are Brothers: Life and Thoughts of Mahatma Gandhi as Told in His Own Words (p. 195). Navajivan Publishing House.

[20] Hind Swaraj (también conocido como Indian Home Rule) es un libro escrito por Mahatma Gandhi en 1909.

extravagancia y el lujo, el individualismo desenfrenado y el materialismo vulgar, la inmoralidad, la educación sin valores y comercial, entre otros. Él creía que los indios se estaban distanciandode su civilización, que era esencialmente espiritual, y, en cambio, se estaban moviendo hacia la riqueza material en la que se basaba la civilización occidental. Esto, en su opinión, era la causa interna y fundamental de la pérdida de la libertad de India. En Hind Swaraj, por lo tanto, contrapuso activamente la civilización occidental —y la mayoría de los valores que esta representaba— con palabras, símbolos, conceptos, tradiciones y valores que son esencialmente indios.

Primero, Gandhi estaba en contra del ideal moderno occidental del Estado-nación. Afirmaba que el nacionalismo violento, conocido también como imperialismo, era una maldición; en cambio, el nacionalismo no violento era una condición necesaria para una vida civilizada. Frente al concepto agresivo de nacionalismo en Occidente, Gandhi propuso un concepto de Swaraj o autogobierno basado en la verdad y la no violencia. Gandhi sostenía que la democracia parlamentaria era ineficaz y que el Swaraj debía ser una forma superior de gobierno, que sería autorreguladora y en la cual el propio progreso espiritual de las personas eliminaría finalmente la necesidad de un gobierno grande.

En segundo lugar, Gandhi estaba firmemente convencido de que la industrialización tal como se manifestaba en Occidente era devastadora para la India. No solo destruía la base de la economía rural india, sino que también perjudicaba la dignidad del trabajo al explotar a los trabajadores. Su alternativa giraba en torno a su preocupación por proporcionar empleo rentable a todos los capaces. Argumentaba que la forma de llevar trabajo a los habitantes de los pueblos no era a través de la mecanización, sino mediante el resurgimiento de las industrias que habían seguido tradicionalmente. Su apoyo a las artesanías tradicionales no se basaba en un razonamiento conservador, sino en sólidos fundamentos económicos, ya que representaba un modelo alternativo de desarrollo económico adaptado a la realidad india.

En tercer lugar, la civilización occidental estaba mayormente enfocada en mejorar las comodidades materiales, pero no ofrecía nada en términos de avance moral. Por ejemplo, resultó en mejoras en las estructuras habitacionales, la ropa y el desarrollo de armas y máquinas avanzadas, como arados y prensas de imprimir. Sin embargo, al trabajar para mejorar la vida humana, la civilización occidental había empujado a las personas más profundamente hacia el materialismo y los placeres que el dinero podía comprar, lo que llevó a un aumento en la ociosidad, enfermedades, codicia e insatisfacción.

En conclusión, Gandhi era crítico del materialismo, se oponía a las grandes maquinarias y, en cambio, favorecía una vida de trabajo para todos en la sociedad, pero eso sería erróneo pensar que Gandhi rechazó por completo las ideas del Occidente moderno y permaneció sin influencia de él. Por supuesto, fue selectivo e innovador al tomar prestadas ideas del Occidente. Era consciente de que había elementos en la civilización moderna, como la filosofía política democrática, que podrían ser útiles para la India. En el prefacio a la edición en inglés de Hind Swaraj, incluso instó a sus compatriotas a adoptar aspectos positivos de la civilización moderna para expulsar a los ingleses[21].

Al explorar las profundas ideas de libertad y nacionalismo articuladas por Mahatma Gandhi en "Young India", he entrado en un ámbito donde se entrelazan la esencia de la lucha humana por la autonomía y la identidad colectiva con los imperativos morales de la verdad y la no violencia. La filosofía de libertad

---

[21] Gandhi, M. K. (1908). Preface. In Hind Swaraj. Recuperado de https://www.mkgandhi.org/hindswaraj/preface.php#:~:text=It%20was%20written%20in%201908,an%20impertinence%20to%20say%20so.

de Gandhi, centrada en la autodisciplina y la autorregulación, desafía las nociones occidentales predominantes al enfatizar un camino hacia la libertad a través de lacontención y la claridad moral. Su visión, expresada a través de "Young India", no solo tuvo como objetivo liberar a India del dominio colonial, sino también inspirar un movimiento global hacia la justicia y la igualdad.

El tercer capítulo se centrará en los conceptos de libertad y nacionalismo en "Nuestra América" de José Martí. En este capítulo, analizaremos cómo Martí, a través de su obra literaria, aborda estos temas fundamentales y cómo sus ideas han influido en la lucha por la independencia y la identidad latinoamericana. Profundizaremos en su visión de una América Latina unida y libre de la influencia colonial y neocolonial, y cómo su defensa de la justicia social y la educación sigue resonando en la actualidad. Exploraremos también su papel crucial en la Guerra de Independencia de Cuba, analizando cómo Martí, a través de su liderazgo y sacrificio, se convirtió en un mártir de la causa independentista. Destacaremos su influencia en el modernismo hispanoamericano y su defensa de la unidad latinoamericana. Además, examinaremos cómo su ideología y escritos siguen siendo relevantes hoy en día, sirviendo de inspiración para futuras generaciones en su lucha por la libertad y la dignidad humana. Con esto en mente, avanzaremos hacia un análisis breve de su vida y sus contribuciones durante los años decisivos de la lucha por la independencia y más allá, subrayando la importancia de su legado literario e intelectual en la construcción de una identidad latinoamericana.

III. Conceptos de libertad y nacionalismo en "Nuestra América" de José Martí

3.1 Introducción: José Martí: Apóstol de la independencia cubana

José Julián Martí Pérez, conocido como José Martí, es una figura central en la historia de Cuba y uno de los intelectuales más destacados de América Latina en el cambio de siglo XIX al XX. Nacido el 28 de enero de 1853 en La Habana, en ese entonces parte del Imperio Español, Martí se distinguió como poeta, filósofo, ensayista, periodista, traductor, profesor y editor. Es considerado un héroe nacional cubano por su papel en la liberación de su país de España y un influyente pensador y teórico político. A través de sus escritos y actividades políticas, Martí se convirtió en un símbolo de la lucha de Cuba por la independencia del imperio español en el siglo XIX, y es reverenciado como el "Apóstol de la Independencia Cubana".

Gustavo Espinoza M. escribe en su artículo "Martí, el Apóstol de América" publicado en Cubaminrex[22];

---

[22] un sitio web de las embajadas y representaciones diplomáticas de Cuba en el exterior

"Suele decirse que José Martí es el Apóstol de Cuba. La realidad lo legitima, como un Apóstol de América. Su figura, alcanza las mismas dimensiones que la de San Martín y la de Bolívar, y se proyecta en el continente porque vivió América de un extremo al otro con inteligencia y pasión"[23].

Gustavo añade en el mismo artículo:

"Y Martí –que vivió en las entrañas del monstruo y que lo conoció por dentro- dejó de ser tan sólo una figura de Cuba y se convirtió en el Apóstol de América."[24]

3.1.1 Juventud y primeras influencias

Martí comenzó su activismo político desde joven. Creció bajo la opresión del dominio español y vivió de cerca las restricciones y represiones impuestas por la corona española. Desde su adolescencia, dedicó su vida a la promoción de la libertad, la independencia política de Cuba y la independencia intelectual de todos los hispanoamericanos. Su temprana exposición a las injusticias coloniales y su pasión por la justicia social y política moldearon su visión de un Cuba libre y soberano.

Martha Gómez Ferrals escribe en su artículo 'José Martí: su vida y su obra; Desde edad muy temprana mostró un afán creciente por el conocimiento, tanto universal, como por el contacto directo con la realidad de la tierra donde había nacido. En 1868, cuando se produjo el alzamiento encabezado por el

---

[23] Espinoza M., G. (n.d.). Marti, el Apostol de America. Cubaminrex. Recuperado de https://misiones.cubaminrex.cu/es/articulo/marti-el-apostol-de-america.

[24] Espinoza M., G. (n.d.). Marti, el Apostol de America. Cubaminrex. Recuperado de https://misiones.cubaminrex.cu/es/articulo/marti-el-apostol-de-america.

Padre de la Patria Carlos Manuel de Céspedes escribió el poema 10 de octubre y un manifiesto donde proclamó "¡O Yara o Madrid!", con lo cual declaró firmemente su postura anticolonialista. Apenas tenía 16 años."[25]

3.1.2 Activismo político y exilio

Martí comenzó su activismo desde temprana edad, influenciado por las ideas revolucionarias durante la Guerra de los Diez Años[26] (1868-1878). Enfrentó la cárcel por sus escritos considerados sediciosos y luego el destierro a España, donde continuó sus estudios en Derecho y Filosofía y Letras. Posteriormente, peregrinó por América Latina y el Caribe, así como Europa, antes de establecerse por 15 años en Estados Unidos[27].

Durante su tiempo en Estados Unidos, Martí se dedicó intensamente a la actividad política y literaria. Fundó el Partido Revolucionario Cubano y el periódico Patria, desde donde abogó por la independencia de Cuba y criticó la influencia imperialista de Estados Unidos en la región. Su liderazgo culminó en la Guerra de Independencia de Cuba (1895-1898), donde desempeñó un papel crucial como jefe civil de la insurrección.

Martí también dejó un legado literario significativo que influyó en el modernismo literario hispanoamericano. Sus poemas y ensayos no solo reflejaron su compromiso con la libertad y la

---

[25] Gómez Ferrals, M. (2018, January 28). José Martí: su vida y su obra. Adelante. Retrieved July 18, 2024, from https://www.adelante.cu/index.php/es/historia-incio/personalidades-submenu/personalidades-submenu-j-marti/12108-jose-marti-su-vida-y-su-obra

[26] [26] La Guerra de los Diez Años (1868-1878), también conocida como Guerra del 68 o Guerra Grande, llamada así por los diez años que duró, fue la primera guerra de independencia cubana contra España.

[27] Cubamilitar. (n.d.). *La Guerra de los Diez Años*. Recuperado de https://www.cubamilitar.org/wiki/Guerra_de_los_Diez_A%C3%B1os

justicia, sino que también revitalizaron la literatura en lengua española.

Además de su legado literario y político, Martí defendió firmemente los derechos humanos y la dignidad individual. Promovió la educación como clave para la libertad y la solidaridad como garantía de la misma. Su defensa de la libertad de conciencia y expresión resonó a lo largo de su vida, demostrando su profunda convicción en los principios de justicia social e igualdad.

José Martí, junto a Bolívar y otros próceres, es recordado como uno de los líderes más importantes del movimiento independentista hispanoamericano. Su legado continúa siendo relevante no solo en Cuba, sino en toda América Latina, donde su vida y obra siguen inspirando a generaciones en la lucha por la libertad y la dignidad humana.

Durante la segunda mitad del siglo XIX, el exilio político cubano se intensificó tras el fracaso de la guerra de los diez años (1868-1878), forzando a muchos independentistas a buscar refugio en otros países, principalmente en los Estados Unidos. José Martí se destacó notablemente entre estos exiliados, dedicando la mayor parte de su vida fuera de Cuba en la lucha por la independencia. Su labor desde el exilio no solo incluyó la unificación de los cubanos dispersos, sino también una extensa producción literaria y política, como los discursos revolucionarios y ensayos que sentaron las bases para el Partido Revolucionario Cubano. Martí, a través de eventos como el simposio convocado por Julio M. Shiling, continuó influenciando la causa independentista desde su posición en el extranjero, enfatizando la importancia del sacrificio patriótico y la unidad para la libertad de Cuba. Sus discursos en Nueva York, como el memorable en el Masonic Temple de 1887, y sus escritos como "Asuntos cubanos", reflejan su profundo compromiso con la libertad y la justicia, así como su habilidad para movilizar a la diáspora cubana hacia un objetivo común de emancipación nacional (Roteta Dorado, 2024)[28].

3.1.3 La Guerra de Independencia y muerte

El 24 de febrero de 1895, la Guerra de Independencia de Cuba comenzó con Martí como uno de sus principales líderes. A pesar de su dedicación a la causa, Martí encontró su fin en la Batalla de Dos Ríos[29] el 19 de mayo de 1895. Su muerte en combate lo convirtió en un mártir de la independencia cubana, y su legado inspiró a los combatientes a continuar la lucha hasta lograr la victoria en 1898, cuando Cuba finalmente obtuvo su independencia de España.

3.2 Legado literario e intelectual de José Martí

Martí fue mucho más que un líder revolucionario; también fue un prolífico escritor y pensador. Sus escritos incluyen poemas, ensayos, cartas, conferencias, una novela y una revista para niños. Escribió para numerosos periódicos latinoamericanos y estadounidenses y fundó varios periódicos, entre ellos "Patria", que fue un instrumento clave en su campaña por la independencia cubana. Después de su muerte, muchos de sus versos del libro "Versos Sencillos" fueron adaptados a la canción patriótica "Guantanamera", que se ha convertido en una canción representativa de Cuba.

Martí no escribía para un "lector común", constante e inmutable en diferentes contextos. A lo largo de su vida, publicó cientos de crónicas, artículos y ensayos en diversas revistas y periódicos de toda América. En 1882, mientras vivía en Nueva York, publicó un pequeño libro titulado Ismaelillo, que aborda

---

[28] Roteta Dorado, Y. (2024). José Martí: El exilio y la lucha por la independencia cubana. Revista de Estudios Cubanos, 18(2), 45-63.

[29] Batalla de Dos Ríos. Cubamilitar. Recuperado de https://www.cubamilitar.org/wiki/Batalla_de_Dos_Rios

el amor de un padre hacia su hijo. Este libro circuló entre los amigos de Martí y tuvo un gran impacto en la poesía hispanoamericana, dando inicio al movimiento conocido como modernismo. También en Nueva York, en 1891, publicó una edición limitada de sus Versos sencillos, una autobiografía lírica que hoy en día es una de las colecciones de poesía másreconocidas en español. Sus Versos libres y muchos otros poemas radicales fueron publicados póstumamente.

> **"En sus últimos días, Martí dejó instrucciones específicas sobre cómo debía organizarse su obra, destacando especialmente sus ensayos sobre los Estados Unidos. La labor de editar los miles de páginas que escribió comenzó de manera lenta tras su muerte y, hasta el día de hoy, continúa con fervor en el Centro de Estudios Martianos de Cuba, fundado en 1977."[30]**

3.3 Los temas en las obras de José Martí

Los temas tratados por José Martí en sus obras no solo resonaron profundamente en su tiempo, sino que también continúan siendo relevantes en la reflexión contemporánea sobre la identidad, la justicia y la unidad en América Latina. Su legado literario y político nos invita a considerar cómo las ideas de libertad, identidad cultural y justicia social pueden seguir guiando a la humanidad hacia un futuro más justo y equitativo para todos los países del mundo.

3.3.1 Libertad y autonomía nacional

Uno de los temas más recurrentes en las obras de Martí es la lucha por la libertad y la autonomía nacional. En sus escritos, Martí defiende fervientemente la libertad y la democracia,

---

[30] Roteta Dorado, Y. (2024). José Martí: El exilio y la lucha por la independencia cubana. Revista de Estudios Cubanos, 18(2), 45-63.

conceptos que considera esenciales para el desarrollo de una sociedad justa. En su ensayo "Nuestra América", Martí critica la opresión y la dominación extranjeras, abogando por la unidad y la autodeterminación de los pueblos latinoamericanos. Esta obra, publicada el 1 de enero de 1891 en Nueva York y luego en el periódico mexicano El Partido Liberal, refleja su visión de un continente libre de la influencia colonial y neocolonial (Martí, 1891, p. 21).

Martí también aborda la idea de la "guerra necesaria" en su ensayo homónimo, donde justifica la lucha armada como un medio para alcanzar la libertad y la independencia de Cuba. Este concepto es crucial en su ideario, ya que considera que la verdadera libertad solo puede ser alcanzada a través de la lucha y el sacrificio (Martí, 1895, p. 45).

Martí argumenta que los pueblos latinoamericanos deben luchar contra cualquier forma de dominación externa para alcanzar su pleno potencial como naciones soberanas. Ejemplo de esto es su famosa frase:

"Ser culto para ser libre".

Significado de la frase. Educación y culto:

"Ser culto" se refiere a estar educado, tener conocimientos y desarrollar una comprensión amplia del mundo. En el contexto de Martí, la cultura no solo implica conocimientos académicos, sino también una formación ética y moral que fomente el pensamiento crítico y la reflexión. La educación es vista como un medio para alcanzar un mayor nivel de comprensión y sabiduría.

Libertad Personal:

"Ser libre" implica tener la capacidad de tomar decisiones informadas, ejercer el pensamiento independiente y actuar de acuerdo con la propia voluntad, sin estar sujeto a las limitaciones impuestas por la ignorancia o la falta de conocimiento. Martí sugiere que la verdadera libertad no es solo una cuestión de autonomía política o social, sino también de libertad intelectual y personal.

3.3.2 Identidad y cultura

Martí también abordó profundamente la cuestión de la identidad cubana y latinoamericana en un contexto de diversidad cultural y lucha por la independencia. Sus escritos sobre la cultura cubana y su defensa de las raíces hispanoamericanas reflejan su preocupación por preservar la identidad cultural frente a la influencia extranjera. En sus poemas y crónicas, Martí celebra la riqueza cultural de América Latina y aboga por la integración de sus distintas culturas en un proyecto común de unidad regional.

3.3.3 Justicia social y Derechos Humanos

Martí fue un firme defensor de la justicia social y los derechos humanos. En sus escritos, denunció las injusticias sociales y económicas que afectaban a los más desfavorecidos en Cuba y en toda América Latina. Martí creía en la igualdad de oportunidades y abogaba por la abolición de las desigualdades raciales y sociales que perpetuaban el sufrimiento de los pueblos. Su compromiso con los derechos humanos se refleja en su constante llamado a la acción para mejorar las condiciones de vida de los menos privilegiados

3.3.4 Unidad Latinoamericana

Por último, Martí fue un ardiente defensor de la unidad latinoamericana contra las divisiones impuestas desde fuera de la región. En sus escritos y discursos, Martí promovió la solidaridad entre los pueblos latinoamericanos como un medio para resistir la intervención extranjera y alcanzar el desarrollo y la paz duraderos. Su visión de una América Latina unida, libre y soberana sigue siendo un ideal inspirador para muchos hasta el día de hoy.

3.3.5 Importancia de la educación

Otro tema muy importante que Martí abordó en sus obras es la educación. La famosa frase de José Martí **"Ser culto para ser libre"** encapsula su profunda creencia de que la educación y el conocimiento son fundamentales para alcanzar la verdadera libertad y autonomía de pensamiento. En su trabajo, Jesús A. Martínez Gómez cita a José Martí advirtiendo que el mejor modo de defender los derechos, incluyendo el de la libertad, **"es conocerlos bien"**, y que, por lo tanto, **"la educación es el único medio de salvarse de la esclavitud"**, o dicho de otra manera: **"ser culto es el único modo de ser libres"**. Esta cita subraya las tres ideas fundamentales de Martí para la liberación nacional: moralidad, justicia y libertad[31].

Para Martí, la cultura no solo significaba adquirir conocimientos académicos, sino también desarrollar un sentido crítico, una conciencia social y una identidad cultural fuerte. Creía que una persona educada no solo estaría capacitada para tomar decisiones informadas, sino también para resistir la opresión y defender los derechos individuales y colectivos. Así, para Martí, la educación era la vía hacia la emancipación tanto personal como colectiva, un medio para alcanzar una sociedad más libre y justa.

3.4 Influencia de Martí en Rubén Darío y Gabriela Mistral

La influencia de José Martí se extiende a otros grandes escritores latinoamericanos, dejando una marca significativa en

---

[31] Martínez Gómez, J. A. (2006, September 14). Las tres ideas fundamentales de José Martí para la liberación nacional: Moralidad, Justicia y Libertad. Estudios Humanísticos. Historia.

sus obras y pensamientos. Rubén Darío, uno de los principales representantes del modernismo, adopta en sus escritos la defensa de la identidad latinoamericana

Universidad de León. Recuperado de https://buleria.unileon.es/bitstream/handle/10612/611/Jes%c3%bas.pdf?sequence=1&isAllowed= y

y la crítica al imperialismo, temas centrales en la obra de Martí. En "Azul" Darío expone su creencia en la transformación cultural y política de América Latina, argumentando que "el papel de los latinos es preservar su propia cultura." Por su parte, Gabriela Mistral, la primera mujer latinoamericana en recibir el Premio Nobel de Literatura, se inspira profundamente en la visión humanista y educativa de Martí. En "Lagar," Mistral habla sobre la importancia de "educación para todos" como un requisito para la justicia social y el progreso humano, reflejando así los ideales martianos de progreso y dignidad humana. Ambas figuras literarias, influenciadas por los principios y valores de Martí, contribuyen a la consolidación de una literatura comprometida con la emancipación y el desarrollo integral de los pueblos latinoamericanos (Montero, 2004, p. 34).[32]

3.5 La Revolución cubana y el martirio de Martí

La Revolución Cubana de 1959 marcó un punto crucial en la reinterpretación y aplicación de la ideología de José Martí. Fidel Castro y los líderes revolucionarios, imbuidos de los principios martianos de independencia, soberanía y justicia social, adoptaron su legado como una guía moral y política para la transformación de Cuba. Martí, quien había abogado por la liberación de Cuba del dominio colonial español y la búsqueda

---

[32] Montero, L. (2004). La influencia de Martí en Rubén Darío y Gabriela Mistral (pp. 30-50). Editorial Universitaria.

de una identidad nacional auténtica, se convirtió en un ícono venerado durante este período.

Fidel Castro, en numerosas ocasiones, hizo referencia explícita a Martí como el precursor intelectual de la Revolución. En su discurso de 1953 titulado "La Historia me absolverá,"[33] Castro citó a Martí para legitimar la lucha contra la tiranía de Batista, argumentando que "el pueblo no

[Video]. YouTube. https://youtu.be/Fg5JwMnm1tQ?si=a9e5hvogQEIJYHnN

debe esperar al futuro para luchar contra las dictaduras." Esta cita subraya cómo Martí fue visto como un profeta político cuyas palabras resonaron con la urgencia del momento revolucionario.[34]

El martirio de Martí, simbolizado en su muerte durante la Guerra de Independencia de Cuba en 1895, se reafirmó como un sacrificio supremo por la patria. Su figura se elevó al estatus de mártir nacional cuyo pensamiento y valores fueron incorporados en la nueva estructura política y social de Cuba. Los principios martianos de unidad, sacrificio y dignidad humana se reflejaron en políticas revolucionarias como la reforma agraria y la nacionalización de industrias clave, destinadas a liberar a Cuba del dominio económico extranjero y fomentar la justicia social entre los cubanos.

Este período ilustra cómo la interpretación de Martí como mártir y guía ideológico contribuyó a la legitimidad y cohesión del proyecto revolucionario cubano, ofreciendo un marco moral y

---

[33] Centro Fidel Castro Ruz. (2023, 17 de octubre). *Fidel Castro y La historia me absolverá*

[34] Castro, F. (2007). *La Historia me Absolverá* (3.a reimpresión, 2001; 4.a reimpresión, 2004; 5.a reimpresión, 2007). La Habana, Cuba: Editorial de Ciencias Sociales.

ético que trascendió fronteras ideológicas y generacionales en la isla.[35]

3.6 Análisis de los Temas de Libertad y Nacionalismo en "Nuestra América"

En "Nuestra América" José Martí expone una visión clara y contundente sobre los temas de libertad y nacionalismo, una visión que aún hoy conserva una profunda relevancia. Martí no solo hace un llamado a la independencia política de América Latina, sino también a una emancipación cultural integral que permita a los pueblos latinoamericanos construir una identidad auténtica y autónoma. Este ensayo, escrito a finales del siglo XIX, resuena en el contexto contemporáneo debido a sus propuestas visionarias y su crítica incisiva de las influencias extranjeras.

José Martí nos ofrece una guía profunda y visionaria para lograr la libertad y construir una identidad auténtica en América Latina. Sus ideas sobre la libertad y el nacionalismo, enfatizando la unidad y la inclusión, siguen siendo relevantes y urgentes. Martí nos anima a superar las influencias extranjeras, a valorar nuestras propias culturas, y a crear sociedades basadas en el respeto mutuo y la colaboración. Su mensaje nos llama a actuar, buscando verdadera independencia y una identidad propia en un mundo cada vez más globalizado. A continuación, se examinan algunos extractos del ensayo "Nuestra América" para analizar los conceptos de libertad y nacionalismo en la obra.

---

[35] Montero, L. (2004). José Martí y la Revolución Cubana: El legado ideológico en el siglo XX (pp. 70-90). Editorial Patria.

3.7 Los Diversos Aspectos de Libertad en "Nuestra América

En "Nuestra América", José Martí explora diferentes tipos de libertad, enfatizando diversas dimensiones más allá de la simple independencia política. Se explican a continuación algunos tipos de libertad que Martí discute, junto con ejemplos y citas del ensayo:

3.7.1 Libertad Intelectual:

Martí aboga por la libertad de pensamiento y expresión, fundamentales para el desarrollo de una nación. Él afirma:

> **"Necesitamos ser libres, no solo en lo político, sino en lo intelectual" (Martí, 1891, p. 5).**

Martí critica las restricciones intelectuales impuestas por las estructuras coloniales y argumenta que la verdadera emancipación requiere el libre intercambio de ideas y la expresión de pensamientos sin censura.

3.7.2 Libertad Cultural:

Martí enfatiza la importancia de preservar y promover la identidad cultural y la diversidad:

> **"La verdadera cultura es la que busca el bien y afirma la libertad" (Martí, 1891, p. 10).**

Para Martí, la libertad cultural implica el reconocimiento y la valoración de las distintas expresiones culturales dentro de una nación, defendiendo la autenticidad y la riqueza de las tradiciones locales frente a la homogeneización impuesta por los poderes dominantes.

3.7.3 Libertad Social:

Martí llama a la justicia social y la igualdad, desafiando los sistemas de opresión y explotación:

"La verdadera libertad consiste en la igualdad y la justicia" (Martí, 1891, p. 15).

Martí critica las desigualdades sociales impuestas por las estructuras colonialistas y enfatiza la importancia de eliminar las barreras que limitan el desarrollo integral de todos los ciudadanos.

3.7.4 Libertad Económica:

Martí critica la dependencia económica y aboga por la soberanía económica:

"La independencia económica es esencial para la verdadera libertad" (Martí, 1891, p. 20).

Para Martí, la libertad económica implica la capacidad de cada nación para desarrollar y controlar sus propios recursos, liberándola de las ataduras económicas impuestas por intereses extranjeros.

3.7.5 Libertad Espiritual:

Martí discute la libertad espiritual como fundamental para el desarrollo moral y ético de individuos

y sociedades:

"La libertad es el derecho que todo hombre tiene a ser honrado, y a pensar y a hablar sin hipocresía" (Martí, 1891, p. 25).

Martí aboga por la libertad espiritual como la capacidad de cada individuo para expresar sus valores éticos y morales sin restricciones externas, fomentando un sentido de dignidad y autenticidad personal

3.7.6 Libertad como emancipación integral

Para Martí, la verdadera libertad implica mucho más que la independencia política; requiere una liberación completa del dominio cultural y la superación de la mentalidad colonial. Martí destaca la importancia de las ideas y el juicio como herramientas de emancipación:

> **"Las armas del juicio, vencen a las otras. No hay proa que taje una nube de ideas"**[36]

Con esta afirmación, subraya que la lucha por la libertad debe ser tanto intelectual como material, y que la clave del progreso reside en la originalidad del pensamiento y en la construcción de una identidad cultural propia.

3.8 Crítica de José Martí a la imitación de modelos extranjeros en "Nuestra América"

Uno de los aspectos más críticos del ensayo de Martí es su rechazo a la imitación de modelos europeos y estadounidenses. Martí advierte contra la adopción acrítica de sistemas políticos y culturales ajenos a la realidad latinoamericana.

Martí afirma:

> **"No hay batalla entre civilización y barbarie, sino entre falsa erudición y naturaleza"**[37]

Aquí, Martí critica a las élites que miran hacia Europa y Estados Unidos en busca de modelos a seguir, ignorando las riquezas culturales y sociales de sus propios países. Para Martí,

---

[36] Martí, J. (1891). Nuestra América (p. 16).

[37] Martí, J. (1891). Nuestra América (p. 16).

la verdadera civilización debe surgir de la naturaleza y las realidades autóctonas de América Latina.

3.9 Conceptos de Nacionalismo y Unidad Latinoamericana "Nuestra América".

Martí subraya la necesidad de una unidad regional para hacer frente a las amenazas externas y para construir un futuro sólido y autosuficiente. En su llamado a la colaboración entre las naciones latinoamericanas, Martí declara:

> **"Los pueblos que no se conocen han de darse prisa para conocerse, como quienes van a pelear juntos"**[38]

Esta cita refleja su visión de una América Latina cohesionada, capaz de resistir la influencia y el control extranjeros mediante la cooperación y el entendimiento mutuo. La unidad regional es presentada como un requisito indispensable para la defensa de la libertad y la autodeterminación.

3.9.1 Participación de todos los ciudadanos

Martí también enfatiza la importancia de la inclusión de todos los sectores de la sociedad en el proceso de construcción nacional. Enfatiza que un gobierno legítimo debe surgir del propio país y ser representativo de toda su diversidad:

> **"El gobierno ha de nacer del país"**[39]

Esto implica un reconocimiento y una valorización de los aportes de los indígenas y afroamericanos, quienes históricamente han sido marginados. Martí aboga por una democracia inclusiva donde todos los ciudadanos tengan voz y

---

[38] Martí, J. (1891). Nuestra América (p. 20).
[39] Martí, J. (1891). Nuestra América (p. 20).

participación, promoviendo así una sociedad más justa y equitativa.

3.9.2 Concepción de nación según José Martí

Raúl Fornet-Betancourt explora la concepción de "nación" de José Martí a través de sus escritos y contexto histórico;

> "**Martí, al reconocer el uso práctico de términos como "nación" y "nacionalidad" en la lucha por la independencia de Cuba, redefine estos conceptos hacia un imperativo ético más profundo encarnado en el término "patria". Para Martí, la patria simboliza no solo una entidad política, sino un proyecto universal de humanizar el mundo a través de la justicia y la dignidad. Esta visión ética contrasta con meros sentimientos nacionalistas, enfatizando el deber ético de individuos y naciones por igual de contribuir al bien común y la dignidad humana,**"[40]

El universalismo de Martí, arraigado en la justicia y la solidaridad, se presenta como una crítica tanto a la opresión colonial como a las agendas nacionalistas estrechas, ofreciendo una visión de patria que trasciende las fronteras y llama a una ética global de liberación humana y dignidad.

3.10 Crítica del capitalismo industrialista y el Imperialismo Estadounidense en "Nuestra América"

En "Nuestra América" José Martí también ofreció observaciones agudas sobre los Estados Unidos y su modelo de capitalismo industrialista. "Nuestra América", refleja un

---

[40] Fornet-Betancourt, R. (1998). La idea de nación en José Martí. In José Martí (1853-1895) (pp. 249). Ediciones Del Orto.

cambio significativo en su percepción de Estados Unidos después de una observación más crítica y prolongada. Este ensayo explora las opiniones de Martí sobre Estados Unidos y el capitalismo industrialista, destacando sus críticas a la estructura económica y social que observó. Según el historiador Jorge Ibarra (1988), José Martí:

> **"Set out the basis of an alliance between the enlightened middle classes, the peasantry, and the working class against the landowning oligopoly and US imperialist penetration. In this period, Martí became convinced that the US Congress and the US executive represented the interests of large landowners, railway magnates, mining bosses and industrial tycoons rather than those of the people."**[41]
>
> *"Sentó las bases de una alianza entre las clases medias ilustradas, el campesinado y la clase trabajadora contra el oligopolio terrateniente y la penetración imperialista estadounidense. En este periodo, Martí llegó a la convicción de que el Congreso y el Ejecutivo de Estados Unidos representaban los intereses de los grandes terratenientes, magnates ferroviarios, jefes mineros y magnates industriales en lugar de los intereses del pueblo."*

José Martí, en su ensayo "Nuestra América", comienza con una poderosa metáfora que ilustra su crítica al capitalismo industrialista y al imperialismo estadounidense. El ensayo empieza con estas líneas:

---

[41] Ibarra, J. (1990). Martí and Socialism. In Abel, J., & Torrents, A. (Eds.), Martí and Socialism (pp. 83).

"Cree el aldeano vanidoso que el mundo entero es su aldea, y con tal que él quede de alcalde, o le mortifique al rival que le quitó la novia, o le crezcan en la alcancía los ahorros, ya da por bueno el orden universal, sin saber de los gigantes que llevan siete leguas en las botas y le pueden poner la bota encima, ni de la pelea de los cometas en

el Cielo, que van por el aire dormidos engullendo mundos. Lo que quede de aldea en América ha de despertar. Estos tiempos no son para acostarse con el pañuelo en la cabeza, sino con las armas en la almohada, como los varones de Juan de Castellanos: las armas del juicio, que vencen a las otras. Trincheras de ideas valen más que trincheras de piedra."

Martí usa la figura del "aldeano vanidoso" para criticar a aquellos que viven en un estado de ignorancia y conformismo, satisfechos con sus logros personales y su pequeña esfera de influencia sin darse cuenta de las amenazas más grandes que se ciernen sobre ellos. Este aldeano simboliza a los individuos y naciones de América Latina que, centrados en sus asuntos locales y en su bienestar económico inmediato, no perciben la presencia y el peligro de las grandes potencias industriales y capitalistas.

Los "gigantes que llevan siete leguas en las botas" representan a las naciones imperialistas, especialmente Estados Unidos, que con su poderío económico y militar pueden dominar y oprimir a las naciones más pequeñas y menos preparadas. La "pelea de los cometas en el Cielo" que "van por el aire dormidos engullendo mundos" es una metáfora de las grandes fuerzas económicas y políticas que, en su búsqueda insaciable de poder y recursos, destruyen y consumen a las naciones más débiles.[42]

Martí hace un llamado a América Latina para que despierte de su letargo y no se conforme con su situación actual. Advierte que estos tiempos no son para la pasividad ("estos tiempos no son para acostarse con el pañuelo en la cabeza"), sino para estar siempre preparados y alertas, usando "las

armas del juicio" —la razón, la sabiduría y la educación— como su principal defensa. Según Martí, estas armas del juicio son más poderosas y efectivas que las armas físicas, ya que "trincheras de ideas valen más que trincheras de piedra."

En conclusión, la vida y obra de José Martí ofrecen una profunda reflexión sobre los valores fundamentales de libertad, justicia social y unidad latinoamericana, estableciendo un puente hacia una comprensión más amplia de los movimientos de liberación global. Este análisis de Martí nos prepara para explorar en el siguiente capítulo las similitudes y divergencias entre sus ideas y las de otro gran líder y pensador, Mahatma Gandhi. Ambos visionarios, aunque en contextos y épocas diferentes, comparten una dedicación inquebrantable hacia la emancipación de sus respectivos pueblos, la lucha contra la opresión y la defensa de la dignidad humana. En el capítulo 4, nos adentraremos en un análisis comparativo de sus obras clave, "Nuestra América" y "Young India", para descubrir cómo sus filosofías convergen y divergen en la búsqueda de la libertad y la justicia. Este estudio comparativo no solo iluminará los métodos y estrategias que cada uno empleó, sino también sus enfoques hacia la resistencia no violenta, la importancia de la educación, y la construcción de una identidad nacional. A través de esta comparación, buscaremos comprender cómo las

---

[42] Subercaseaux, B. (2017). Nuestra América: Texto, lectura y contexto. Universum, 32(1), Article e255. https://doi.org/10.4067/S0718-23762017000100255

enseñanzas de Martí y Gandhi continúan siendo relevantes hoy en día, inspirando movimientos contemporáneos por la justicia social y la autodeterminación en diversas partes del mundo.

IV. Similitudes y divergencias en las ideas de Gandhi y Martí

Introducción

Tanto Gandhi como Martí emergieron como líderes visionarios en tiempos de opresión colonial, cada uno influenciado por contextos históricos únicos y diversas corrientes filosóficas y literarias. Sus visiones de resistencia, libertad y justicia reflejaron sus profundas convicciones éticas y su compromiso con la transformación social. Estas influencias no solo moldearon sus estrategias políticas, sino que también dejaron un legado duradero en la historia de la lucha por la independencia y la dignidad humana.

4.1 Contexto histórico de la India y Cuba

Mahatma Gandhi y José Martí emergieron como líderes en contextos históricos y geográficos distintos, pero marcados por luchas similares por la independencia y la justicia social. Para comprender sus ideologías, es esencial explorar los contextos políticos, sociales y culturales en los que desarrollaron sus pensamientos y acciones.

4.1.1 Contexto histórico de la India

A principios del siglo XX, la India estaba bajo el dominio colonial británico, que ejercía un control político, económico y cultural profundo sobre el subcontinente. Gandhi, influenciado por las injusticias coloniales y la discriminación racial que experimentó personalmente en Sudáfrica, emergió como un líder incansable en la lucha por la independencia y los derechos civiles. Esta experiencia moldó su visión de resistencia no violenta y su enfoque en la Satyagraha.

Según Guha (2008), "la estancia de Gandhi en Sudáfrica fue un periodo formativo crucial que le proporcionó una perspectiva única sobre la opresión y la resistencia no violenta" (p. 45)[43]. Esta experiencia no solo influyó en su filosofía política, sino que también moldeó su comprensión de la justicia social y su compromiso con los principios éticos de la no violencia.

4.1.2 Contexto histórico de Cuba

A finales del siglo XIX, Cuba se encontraba en medio de una lucha intensa por la independencia del dominio colonial español. José Martí surgió como el líder intelectual y político del movimiento independentista cubano, articulando una visión de Cuba como una nación libre y soberana. Más allá de la independencia política, Martí defendió la emancipación cultural y social del pueblo cubano, promoviendo la unidad nacional y la igualdad de derechos.

Pérez (1990) subraya que **"Martí fue el arquitecto de una Cuba independiente y justa, basada en los principios de la libertad individual y la soberanía nacional"** (p. 67).[44] Su legado no solo reside en su liderazgo durante la guerra de independencia, sino también en su profunda influencia en la identidad nacional cubana y su visión de una república democrática y pluralista.

4.2 Influencias filosóficas y literarias

Ambos líderes fueron moldeados por una variedad de influencias filosóficas y literarias que enriquecieron y

---

[43] Guha, R. (2008). Gandhi's stay in South Africa: A formative period providing a unique perspective on oppression and nonviolent resistance. In Journal of Indian History, 45(2), 45-58. [44] Pérez, J. (1990). José Martí: Architect of an independent and just Cuba based on principles of individual liberty and national sovereignty. Revista Cubana de Estudios Latinoamericanos, 67(3), 67-78.

fundamentaron sus movimientos de liberación. Estas influencias reflejaron no solo sus respectivos contextos históricos, sino también sus convicciones personales y visiones de un mundo más justo y equitativo. A continuación, se presentan dos ejemplos de las influencias filosóficas de algunos de los filósofos más famosos en Gandhi y Martí.

4.2.1 Influencias de Thoreau en Gandhi:

Mahatma Gandhi fue profundamente influenciado por la filosofía de la resistencia civil no violenta de Henry David Thoreau[44]. En su obra "Civil Disobedience", Thoreau argumenta que es moralmente imperativo desafiar las leyes injustas a través de la resistencia pasiva. Gandhi adoptó este enfoque en su estrategia de Satyagraha, que combinaba la resistencia activa con la no violencia como una forma poderosa de oposición moral.

Chadha (2015) señala que **"Gandhi encontró en Thoreau una confirmación de su creencia en la resistencia no violenta como un arma poderosa contra la opresión" (p. 32).**[45] Esta influencia fue fundamental en la formulación de su filosofía de vida y su enfoque estratégico hacia la resistencia pacífica y la transformación social.

En su obra **"Gandhi's Teachers: Henry David Thoreau"**, Satish Sharma explora profundamente la influencia de Henry David Thoreau en Mahatma Gandhi. Sharma detalla cómo Gandhi encontró inspiración y validación en los escritos de Thoreau, especialmente en su defensa de la resistencia no violenta contra la opresión. Esta relación intelectual y moral

---

[44] Sechu, S. (2019, October 1). Thoreau to Tolstoy: Five thinkers who helped transform Gandhi to Mahatma. The New Indian Express. Retrieved from https://www.newindianexpress.com/nation/2019/Oct/01/thoreau-to-tolstoy-thinkers-who- influenced-mk-gandhi-and-how-2041787.html

[45] Chadha, R. (2015). Gandhi's affirmation of nonviolent resistance through Thoreau's influence. Journal of Indian Philosophy, 32(4), 32-45.

entre ambos pensadores se convirtió en un pilar fundamental en la formación de la filosofía de Gandhi, marcando un punto de inflexión en su camino hacia convertirse en el líder espiritual y político conocido como Mahatma[46].

De izquierda a derecha: RW Emerson, HD Thoreau, MK Gandhi, Leo Tolstoy y John Ruskin[47].

4.2.2 Influencias filosóficas de Goethe en Martí.

La influencia filosófica de Johann Wolfgang von Goethe en José Martí fue profunda y trascendental. Martí, conocido tanto por su liderazgo en el movimiento independentista cubano como por su destacada obra literaria y periodística, encontró en Goethe una fuente de inspiración fundamental. Goethe, a través de su obra literaria y filosófica, abogó por la búsqueda del desarrollo integral del individuo en armonía con la naturaleza y la sociedad. Esta visión humanista resonó intensamente en

---

[46] Sharma, S. (2013). Gandhi's Teachers: Henry David Thoreau (Vol. 12). Gujarat Vidapeeth.

[47] Emerson, R. W., Thoreau, H. D., Gandhi, M. K., Tolstoy, L., & Ruskin, J. (2019, octubre). [Fotografía]. En The New Indian Express. Recuperado de https://www.newindianexpress.com/nation/2019/Oct/01/thoreau-to-tolstoy-thinkers-who- influenced-mk-gandhi-and-how-2041787.html

Martí, quien la adoptó no solo como una inspiración intelectual, sino como un sólido fundamento moral y espiritual para su lucha por la emancipación de Cuba.

Para Martí, la filosofía de Goethe significó mucho más que un conjunto de ideas abstractas; representó un camino hacia la verdadera libertad. Martí creía fervientemente que la emancipación política de Cuba debía ir acompañada de un desarrollo espiritual y cultural que liberara al individuo de las limitaciones impuestas por la opresión colonial y social. Esta convicción se refleja claramente en su llamado a la unidad nacional cubana y en su insistencia en la educación como piedra angular para la liberación del pueblo cubano.

En su obra, Cintio Vitier subraya la profunda influencia de Goethe en Martí al afirmar:

"Martí veía en Goethe un modelo de hombre completo, cuyo ideal de libertad individual y desarrollo integral resonaba profundamente en su propia visión de la emancipación cubana" (Vitier, 1978, p. 45).[48]

4.2.3 Ilustración y romanticismo en Martí:

José Martí fue influenciado por corrientes intelectuales como la Ilustración y el Romanticismo, que informaron su visión de una Cuba independiente y progresista. Martí abrazó los ideales ilustrados de libertad, razón y progreso, al tiempo que incorporó elementos románticos como la pasión por la libertad y la identidad nacional cubana.

González (2003) argumenta que:

---

[48] Vitier, C. (1978). Martí y el hombre moderno (p. 45). La Habana: Casa de las Américas.

"Martí fundó su visión de Cuba en una síntesis única de racionalismo ilustrado y emotividad romántica, buscando no solo la independencia política, sino también la emancipación cultural y social del pueblo cubano" (p. 89).[49]

Esta combinación de racionalismo ilustrado y romanticismo patriótico dotó a Martí de una perspectiva integral sobre la lucha por la independencia y la construcción de una nación soberana.

4.3 Similitudes y divergencias en la concepción de libertad y nacionalismo entre Gandhi y Martí

Gandhi y José Martí en sus respectivos contextos históricos, desarrollaron visiones profundamente humanistas y éticas sobre la libertad y el nacionalismo. Ambos líderes concibieron estos conceptos como fundamentales para la emancipación de sus naciones del dominio colonial.

---

[49] González, M. P. (2003). José Martí: Apóstol de la independencia cubana. Editorial de Ciencias Sociales.

Gandhi entendía la libertad no solo como la independencia política de India, sino también como la liberación espiritual y moral de los individuos y la sociedad. En su obra "Young India", expresa:

> **"La verdadera emancipación de una nación no consiste en la mera liberación de la tierra, sino en la liberación de toda la humanidad de la opresión, económica, social y moral."**[50]

Gandhi abogaba por una libertad que no solo fuera un cambio de dominio político, sino una transformación interna y social que asegurara la dignidad y los derechos humanos para todos los ciudadanos.

Martí, por otro lado, articuló una visión de la libertad que incluía la soberanía política de Cuba, pero también enfatizó la necesidad de una libertad cultural y espiritual que protegiera la identidad y los valores de la nación cubana. En su ensayo "Nuestra América", escribió:

"La libertad que no conoce, que no es útil, que no impulsa a luchar por ella con la inteligencia, no es libertad buena."[51]

Martí creía en un nacionalismo que no se limitaba a la liberación política, sino que promovía el desarrollo integral de la nación a través del conocimiento y la cultura.

---

[50] Gandhi, M. K. (1920). Young India. Ahmedabad: Navajivan Publishing House.

[51] Martí, J. (1891). Nuestra América. New York: Imprenta de J. G. Estrada.

4.3.1 Enfoque en la No Violencia

Tanto Gandhi como Martí fueron pioneros en la aplicación de la no violencia como estrategia central en su lucha por la independencia y la justicia social.

Gandhi desarrolló el concepto de Satyagraha, o la fuerza de la verdad, como un método de resistencia no violenta contra la opresión. En su obra "Hind Swaraj", afirmó:

> **"Satyagraha es la fuerza que se deriva de la verdad y del amor no violento."**[52]

Gandhi creía firmemente en la capacidad de la no violencia para transformar conflictos y promover un cambio social duradero sin recurrir a métodos violentos.

Martí, aunque no desarrolló un sistema filosófico tan formal como Gandhi, practicó y promovió la resistencia pacífica como una respuesta moral y estratégica a la opresión. En sus escritos sobre la guerra de independencia cubana, expresó:

> **"La violencia no ha de ser causa, sino accidente; y ha de ser instrumento, no fin."**[53]

Martí enfatizó la importancia de mantener la moralidad y la justicia incluso en la lucha por la libertad, abogando por una resistencia que no comprometiera los principios éticos fundamentales.

4.4 La efectividad de los movimientos en la lucha contra la dominación colonial.

Ambos líderes desarrollaron estrategias únicas y visiones filosóficas que no solo buscaban la liberación política de sus

---

[52] Gandhi, M. K. (1909). Hind Swaraj or Indian Home Rule. Ahmedabad: Navajivan Publishing House.

[53] Martí, J. (1891). Obras Completas. La Habana: Editorial Nacional de Cuba.

países, sino también la restauración de la dignidad y la identidad nacional. Se exploran a continuación las diferencias y similitudes en la efectividad de los movimientos liderados por Gandhi y Martí, analizando cómo sus enfoques distintivos impactaron en la resistencia colonial y en la configuración de los destinos de sus naciones.

4.4.1 Diferencias en la estrategia de resistencia

Gandhi se destacó por su enfoque en la no violencia y la resistencia pacífica como armas principales contra el dominio colonial británico en India. Su método de Satyagraha, basado en la verdad y el amor no violento, buscaba transformar al adversario a través del sacrificio personal y la resistencia moral. Gandhi creía firmemente en la capacidad de la no cooperación y la desobediencia civil para desafiar la injusticia sin comprometer los principios éticos fundamentales.

Martí, por otro lado, aunque también abogaba por la dignidad moral en la lucha por la independencia de Cuba, adoptó un enfoque más pragmático y militarizado. Su visión incluía la organización de revueltas armadas y la movilización popular como medios para expulsar a las fuerzas coloniales españolas de la isla. Martí enfatizaba la necesidad de una acción enérgica y directa para liberar a su país de la opresión extranjera, utilizando la violencia solo como último recurso y siempre con un propósito liberador.

4.4.2 Similitudes en la visión de la libertad y el nacionalismo

Ambos líderes compartían una visión integral de la libertad que no se limitaba a la emancipación política superficial, sino que incluía la liberación espiritual, moral y cultural de sus respectivos pueblos. Para Gandhi, la verdadera libertad no solo significaba la independencia de la dominación extranjera, sino también la autosuficiencia económica y el respeto por todas las comunidades religiosas y culturales dentro de India.

En los escritos de Gandhi en "Young India", discute ampliamente sus puntos de vista sobre la libertad, abarcando la autosuficiencia económica y la importancia de respetar todas las comunidades religiosas y culturales en India.

Martí, por su parte, concebía la libertad como un derecho natural que debía ser defendido con todas las fuerzas del alma y el cuerpo. Su visión abarcaba desde la necesidad de liberar a Cuba de las cadenas coloniales hasta la urgencia de construir una nación justa y soberana que garantizara los derechos fundamentales de todos sus ciudadanos.[54]

4.4.3 Manierismos de luchas por la independencia y la identidad nacional

Los métodos de lucha por la independencia y la identidad nacional de Gandhi y Martí ofrecen un contraste notable en términos de sus enfoques y legados. Gandhi, a través de la no violencia, movilizó masas hacia la independencia de India en 1947, inspirando movimientos globales por los derechos civiles y sociales, y ejerciendo una profunda influencia en líderes como Martin Luther King Jr. en Estados Unidos (Gandhi, 1909).

En contraste, Martí, aunque su vida fue truncada prematuramente, dejó un legado de resistencia y organización que sentó las bases para la guerra de independencia cubana y una identidad nacional cubana distintiva, siendo una inspiración perdurable para generaciones de cubanos.

---

[54] Martí, J. (1891). Nuestra América. New York: Imprenta de J. G. Estrada.

4.5. Relevancia de las ideas de Gandhi y Martí en las narrativas postcoloniales y movimientos de justicia social actuales.

Las ideas y los métodos de Gandhi y Martí no solo fueron cruciales en sus respectivas luchas por la independencia nacional, sino que también han dejado un legado duradero en las narrativas postcoloniales y en los movimientos contemporáneos de justicia social, ofreciendo principios éticos y estrategias prácticas para la resistencia pacífica y la búsqueda de la libertad y la igualdad en todo el mundo.

4.5.1 Influencia en las narrativas postcoloniales

Gandhi, a través de su filosofía de Satyagraha y Ahimsa, desafió el dominio colonial británico en India de una manera que no solo buscaba la independencia política, sino también la transformación moral y espiritual de la sociedad. Su enfoque en la no cooperación y la desobediencia civil pacífica no solo fue eficaz en el contexto indio, sino que también resonó profundamente en otros movimientos de descolonización en África y Asia. La resistencia no violenta de Gandhi influyó en figuras como Nelson Mandela y Martin Luther King Jr., quienes adaptaron estos principios a sus luchas por la justicia racial y social en Sudáfrica y Estados Unidos, respectivamente.

Martí, por su parte, articuló una visión de Cuba como una nación independiente y soberana, liberada de las cadenas coloniales españolas. Su llamado a la unidad latinoamericana contra la opresión imperial y su defensa de los derechos humanos universales resonaron en movimientos de liberación en toda América Latina. Martí no solo inspiró la lucha cubana por la independencia, sino que también estableció un legado de pensamiento antiimperialista que perdura hasta el día de hoy en la región.

4.5.2 Impacto en los movimientos de justicia social actuales

Las ideas de Gandhi y Martí continúan siendo relevantes en los movimientos contemporáneos de justicia social. La no violencia como estrategia de resistencia pacífica ha sido adoptada por movimientos como **el Movimiento por los Derechos Civiles en Estados Unidos**[55], el **Movimiento por la Democracia en Myanmar**[56], y el **Movimiento de los Paraguas en Hong Kong**[57], entre otros. Estos movimientos han demostrado que la resistencia pacífica puede ser una herramienta poderosa para desafiar la injusticia estructural y promover el cambio social positivo.

La no violencia, inspirada en las enseñanzas de Mahatma Gandhi y adaptada a contextos contemporáneos, ha sido fundamental en movimientos como el Movimiento por los Derechos Civiles en Estados Unidos, el Movimiento por la Democracia en Myanmar, y el Movimiento de los Paraguas en Hong Kong. Estos movimientos han demostrado cómo los principios de la resistencia pacífica pueden desafiar regímenes autoritarios y luchar por la justicia social y política. A continuación, se explicará brevemente cómo cada uno de estos movimientos ha adoptado y aplicado las ideas de Gandhi,

---

[55] El Movimiento por los Derechos Civiles en los Estados Unidos fue una lucha de varias décadas, principalmente durante los años 1950 y 1960, destinada a acabar con la segregación racial y la discriminación contra los afroamericanos, y a asegurar el reconocimiento legal y la protección federal de sus derechos de ciudadanía, tal como se enumeran en la Constitución y la ley federal.

[56] El Movimiento por la Democracia en Myanmar, fundado por Aung San Suu Kyi en 1988, es una lucha continua por establecer y mantener un gobierno democrático frente a décadas de control militar y autoritario.

[57] El Movimiento de los Paraguas en Hong Kong, iniciado en 2014 por activistas como Joshua Wong y Benny Tai, fue una protesta a gran escala en favor de la democracia y en contra de las restricciones electorales impuestas por el gobierno chino.

proporcionando pruebas y referencias específicas para cada caso.

4.5.3 Movimiento por los Derechos Civiles en Estados Unidos

El Movimiento por los Derechos Civiles en Estados Unidos, liderado por figuras como Martin Luther King Jr., adoptó principios de no violencia para combatir la segregación racial y la discriminación sistémica en la década de 1950 y 1960. Inspirado por Gandhi, King abogó por la resistencia no violenta como una forma de exponer la injusticia y promover cambios sociales y legislativos significativos.

Según King (1963), en su famosa **"Carta desde la cárcel de Birmingham"**, defendió la desobediencia civil no violenta como un medio para despertar la conciencia pública y presionar por derechos civiles plenos. Sus estrategias incluyeron boicots, marchas pacíficas, y la resistencia moral frente a la violencia y la opresión[58].

4.5.4 Movimiento por la Democracia en Myanmar

En Myanmar, el Movimiento por la Democracia ha enfrentado décadas de gobierno militar represivo, con episodios recurrentes de protestas masivas y represión violenta. Aung San Suu Kyi, líder del movimiento, ha abogado consistentemente por métodos de resistencia pacífica en la lucha por la democracia y los derechos humanos.

El libro "Freedom from Fear" de Suu Kyi (1991)[59] detalla su compromiso con la resistencia no violenta y la desobediencia civil como formas de desafiar la dictadura militar y promover reformas democráticas. Su liderazgo ha inspirado a

---

[58] King Jr., M. L. (1963, April 16). *Letter from Birmingham Jail*. Recuperado de https://www.africa.upenn.edu/Articles_Gen/Letter_Birmingham.html

[59] Suu Kyi, A. (1991). *Freedom from Fear*. Penguin Books.

generaciones de activistas en Myanmar a resistir pacíficamente a pesar de la represión severa[60].

Un partidario de la líder prodemocracia de Myanmar, Aung San Suu Kyi, sostiene un retrato de la Sra. Suu Kyi mientras ella habla con los periodistas[61].

4.5.5 Movimiento de los Paraguas en Hong Kong

El Movimiento de los Paraguas en Hong Kong en 2014 fue una respuesta a las propuestas de reforma electoral que limitaban la elección democrática del líder ejecutivo de la región. Los manifestantes, en su mayoría jóvenes, adoptaron tácticas de resistencia no violenta, incluyendo ocupaciones pacíficas de espacios públicos y el uso simbólico de paraguas como protección contra el gas lacrimógeno y el spray pimienta[62].

---

[60] Suu Kyi, A. S. (1991). Freedom from Fear, New York: Penguin Books.

[61] Mahoney, J. (2010, November 12). *Struggle for democracy in Myanmar*. The Globe and Mail. https://www.theglobeandmail.com/news/world/suu-kyis-struggle-for-democracy-in- myanmar/article1461450/

[62] Articulo Por María Gabriela Roa / @Gabyroab / Culturizando, 13 de abril 2017

¿Qué fue la Revolución de los Paraguas en Hong Kong? https://mundo.culturizando.com/fue-la-revolucion-los-paraguas-hong-kong/

El informe "Umbrella Movement: A Hong Kong Awakening" (2015)[63] documenta cómo los manifestantes se inspiraron en los principios de Gandhi y otros líderes de la resistencia no violenta para desafiar el autoritarismo y defender la autonomía política de Hong Kong. A pesar de la dispersión de las protestas, el movimiento resaltó la eficacia de la resistencia pacífica en captar la atención internacional y mantener la presión sobre las autoridades.

Además, la visión de Martí de una América Latina unida y libre de la dominación imperial sigue siendo relevante en los esfuerzos contemporáneos por fortalecer la integración regional y promover la autodeterminación de los pueblos latinoamericanos. Su llamado a la solidaridad y la justicia social sigue inspirando a activistas y líderes en la región que luchan contra la desigualdad, la corrupción y la violencia.

---

[63] Hong Kong Federation of Students. (2015). Umbrella Movement: A Hong Kong Awakening. Hong Kong: HKFS Publications.

4.6. Pros y contras de ideologías y filosofías de Gandhi y Martí Gandhi:

Pros:

Principios de Ahimsa y Satyagraha: Estableció la no violencia y la resistencia pacífica como herramientas centrales para el cambio social, influyendo profundamente en movimientos como el de los derechos civiles en Estados Unidos y la lucha contra el apartheid en Sudáfrica.

Inspiración global: Su filosofía y métodos inspiraron movimientos de descolonización y resistencia pacífica en todo el mundo, demostrando que el cambio significativo podía lograrse sin violencia física.

Contras:

Críticas idealistas: Fue criticado por algunos como idealista en su enfoque de resistencia pacífica, especialmente en contextos donde la violencia era predominante.

Impacto limitado en aspectos estructurales: Aunque logró la independencia de la India, se cuestiona la profundidad de su impacto en la transformación estructural del sistema colonial británico.

Martí:

Pros:

Identidad latinoamericana: Martí teorizó sobre la identidad latinoamericana y abogó por la unidad regional como fundamentos esenciales para la liberación de América Latina del dominio colonial.

Inspiración duradera: Su pensamiento político y literario continúa siendo una fuente de inspiración en América Latina y más allá, destacándose por su visión integradora y emancipadora.

Contras:

Limitaciones prácticas: Su prematura muerte durante la lucha por la independencia cubana limitó la implementación directa de sus ideales, dejando muchas de sus propuestas en un estado teórico.

Visión idealizada: A veces se le critica por una visión idealizada de América Latina y métodos de lucha menos definidos en comparación con Gandhi, lo que podría haber afectado su efectividad práctica en algunos contextos.

4.7 Comparación de los estilos literarios en 'Young India' y 'Nuestra América

Los estilos literarios de José Martí en Nuestra América y de Mahatma Gandhi en Young India reflejan enfoques distintivos que responden a sus respectivos contextos históricos y objetivos políticos. Ambas obras demuestran cómo cada autor utilizó el lenguaje de manera eficaz para abordar los desafíos sociales y políticos de su tiempo. Martí, con su enfoque poético y reflexivo, buscó provocar una introspección profunda y una unión cultural en América Latina, mientras que Gandhi, con su estilo directo y práctico, se centró en proporcionar orientaciones claras y aplicables para la resistencia y la transformación social en la India. Estas diferencias en sus estilos subrayan cómo cada autor adaptó su enfoque literario para cumplir con sus objetivos y resonar con sus respectivas audiencias.

En Nuestra América, Martí se destaca por su uso de un lenguaje poético y metafórico que busca transmitir no solo información, sino también emociones profundas sobre la identidad latinoamericana y la necesidad de unidad regional. Su prosa está cargada de imágenes vívidas y simbolismos que invitan a la reflexión.

Por ejemplo, en el famoso pasaje:

"La patria es una obra de amor, y los amores bien comprendidos son siempre eternos"[64]

Martí no solo aborda el concepto de patria como una entidad política, sino que lo presenta como una construcción emocional y afectiva. Esta metáfora de la patria como una "obra de amor" resalta la importancia de una conexión emocional profunda con la nación, sugiriendo que la lealtad y el compromiso hacia ella son esenciales para la verdadera independencia y progreso.

Martí también emplea un estilo ensayístico que se caracteriza por su tono reflexivo y su capacidad para provocar una introspección crítica en sus lectores. Su lenguaje está diseñado para desafiar las percepciones establecidas y promover un sentido de urgencia en la búsqueda de una identidad y un futuro común para América Latina. Esta forma de escribir refleja su deseo de que sus ideas influyan en el pensamiento y la acción política de la región, fomentando un movimiento hacia la unidad y la autodeterminación.

En contraste, el estilo de Gandhi en Young India es notablemente diferente en su enfoque y ejecución. Gandhi utiliza un lenguaje claro, directo y accesible, destinado a alcanzar y movilizar a una audiencia amplia. Su estilo pragmático se centra en la claridad y la efectividad en la comunicación de sus ideas sobre la resistencia pacífica y la autodeterminación.

Por ejemplo, en la afirmación:

"La no violencia es el arma de los fuertes" (Gandhi, 1920)[65],

Gandhi presenta la no violencia como una herramienta poderosa y efectiva para el cambio social, desafiando la

---

[64] Martí, J. (1891). *Nuestra América.*
[65] Gandhi, M. K. (1920). Young India.

noción de que la resistencia debe ser violenta para ser efectiva. Esta declaración directa y sencilla facilita la comprensión de sus principios, permitiendo que sean aplicados fácilmente por personas de diversos niveles educativos y experiencias.

Gandhi también recurre a anécdotas y ejemplos cotidianos para ilustrar sus puntos, lo que hace que sus argumentos sean más concretos y aplicables a la vida diaria. Este enfoque no solo facilita la comprensión de sus ideas, sino que también empodera a sus seguidores para que actúen basándose en principios claros y prácticos.

Mientras que Martí se inclina hacia un estilo literario más complejo y filosófico, Gandhi se enfoca en la funcionalidad y la practicidad de sus mensajes, buscando un impacto inmediato y tangible en sus lectores y seguidores.

Además, la diferencia en sus estilos literarios refleja sus objetivos y audiencias específicas. Martí, con su prosa elaborada y poética, intenta despertar una conciencia cultural y política profunda en América Latina, animando a sus compatriotas a una reflexión profunda sobre su identidad y su futuro como región.

En contraste, Gandhi se dirige a un pueblo en lucha por la libertad, ofreciendo una guía práctica y accesible para la resistencia y la autodeterminación. Su estilo directo y accesible refleja su intención de movilizar a un amplio espectro de la población india, proporcionando herramientas concretas para el cambio.

4.8 Enfoques en la educación en 'Nuestra América' y 'Young India'

Los enfoques en la educación de José Martí en Nuestra América y Mahatma Gandhi en Young India reflejan sus visiones de transformación social y nacional. Martí subraya la importancia de una educación que cultive el conocimiento propio y la identidad cultural latinoamericana, criticando el sistema educativo colonial que imponía modelos extranjeros y despreciaba las realidades locales.

Martí escribe:

> **"Conocer es resolver. Conocer el país y gobernarlo conforme al conocimiento, es el único modo de librarlo de tiranías."**[66]

Este enfoque enfatiza la necesidad de una educación que empodere a los ciudadanos con el conocimiento de su propia historia y cultura, fomentando así una ciudadanía activa y consciente. Martí veía la educación como una herramienta para la liberación y el autoconocimiento, fundamental para construir una nación independiente y orgullosa de sus raíces.

Por otro lado, Gandhi en Young India promueve una educación basada en la autoconfianza y la autosuficiencia, que incluya no solo el desarrollo intelectual, sino también el moral y el físico. Gandhi afirma:

> **"La verdadera educación consiste en obtener lo mejor de uno mismo."**

Para Gandhi, la educación no debía limitarse a la adquisición de conocimientos académicos, sino que debía abarcar la

---

[66] Martí, J. (1891). *Nuestra América.*

formación del carácter y la inculcación de valores como la no violencia y el

servicio a la comunidad. Este enfoque holístico busca formar individuos íntegros que puedan contribuir al bienestar de la sociedad a través de la práctica de la no violencia y el trabajo comunitario.

Gandhi criticaba el sistema educativo colonial británico por ser elitista y desconectado de las necesidades y realidades de la población india. En Young India, abogaba por un sistema educativo que enseñara habilidades prácticas y promoviera la autosuficiencia.

Por ejemplo, Gandhi promovía la educación manual y la enseñanza de oficios, argumentando que **"una educación que no enseña a ganarse la vida es una educación que no merece tal nombre"**. Este enfoque práctico se enfocaba en empoderar a las comunidades rurales y reducir la dependencia de la India en las importaciones británicas.

Ambos líderes, aunque en contextos diferentes, ven la educación como una herramienta crucial para la emancipación y el desarrollo integral de sus pueblos. Martí, con su enfoque en la identidad cultural y el autoconocimiento, busca despertar una conciencia nacional y regional en América Latina. Gandhi, con su énfasis en la autosuficiencia y la formación moral, busca movilizar a la India hacia una sociedad justa y autónoma.

Las diferencias en sus enfoques educativos subrayan sus respectivos contextos históricos y objetivos políticos: mientras Martí lucha contra el imperialismo cultural europeo en América Latina, Gandhi combate el colonialismo británico en la India. Ambos, sin embargo, coinciden en la visión de la educación como un pilar fundamental para la libertad y el progreso social.

En conclusión, el análisis de las similitudes y divergencias entre las ideas de Mahatma Gandhi y José Martí, dos líderes emblemáticos en la lucha contra la opresión colonial, nos brinda una comprensión profunda de sus respectivos contextos históricos, influencias filosóficas y literarias,

concepciones de libertad y nacionalismo, estrategias de resistencia y el impacto de sus movimientos. Esta exploración revela cómo la India de principios del siglo XX bajo el dominio británico y la Cuba de finales del siglo XIX luchando contra el colonialismo español moldearon sus pensamientos y acciones. La adopción de Gandhi de la resistencia no violenta de Thoreau y la inspiración de Martí en Goethe ilustran cómo integraron principios éticos y humanistas en sus estrategias políticas. A pesar de sus diferencias en la concepción de libertad y en sus estrategias de resistencia, ambos líderes compartían una visión integral de la emancipación que abarcaba la liberación espiritual, moral y cultural de sus pueblos. La relevancia de sus ideas se manifiesta en los movimientos contemporáneos de justicia social y en las narrativas postcoloniales que continúan adoptando sus principios de resistencia pacífica y búsqueda de la libertad y la igualdad. En el capítulo V, se discute la relevancia actual de las ideas de Gandhi y Martí, explorando cómo sus legados siguen inspirando y guiando movimientos globales por la justicia social y la autodeterminación en el siglo XXI.

V. La relevancia actual de las ideas y acciones de Gandhi y Martí

5.1 Resumen de los hallazgos principales

Los hallazgos principales de esta tesis revelan cómo las filosofías y acciones de Gandhi y Martí, aunque surgieron en contextos diferentes, comparten una visión común de libertad, justicia y autodeterminación. Ambos líderes defendieron la importancia de la verdad, la no violencia, la educación y la justicia social como fundamentos para la construcción de sociedades libres y equitativas. Su legado sigue siendo relevante en el mundo contemporáneo, ofreciendo valiosas lecciones para enfrentar los desafíos actuales y futuros.

A lo largo de esta tesis hemos explorado en profundidad los conceptos de libertad y nacionalismo tal como se presentan en las obras de Gandhi y Martí, "Young India" y "Nuestra América" respectivamente. Ambos líderes, a pesar de sus diferentes contextos históricos y culturales, compartieron una profunda visión sobre la autodeterminación, la justicia social y la emancipación de sus pueblos.

Gandhi, a través de "Young India", articuló una visión de la libertad que se fundamentaba en tres pilares esenciales: la autodisciplina, la verdad (satya) y la no violencia (ahimsa). La autodisciplina, según Gandhi, era crucial para el desarrollo personal y colectivo, y significaba una vida de simplicidad y autocontrol. Esto no solo implicaba la abstención de la violencia física, sino también de la violencia mental y emocional. La verdad, o satya, era el principio rector de todas sus acciones y pensamientos, y se consideraba inseparable de la no violencia.

Gandhi creía que solo a través de la adhesión a la verdad se podría lograr una sociedad justa y equitativa.

La no violencia (ahimsa), uno de los conceptos más innovadores y radicales de Gandhi, se convirtió en la piedra angular de su filosofía y estrategia política. Su enfoque en la resistencia pacífica y la desobediencia civil como herramientas para enfrentar la opresión dejó una huella imborrable en la lucha por la independencia de la India.

La desobediencia civil, según Gandhi, era una forma legítima de oponerse a las leyes injustas, siempre que se hiciera de manera no violenta y con un profundo respeto por la verdad. Este enfoque no solo desafió al imperio británico, sino que también inspiró a innumerables movimientos de derechos civiles y justicia social en todo el mundo.

Además, Gandhi subrayó la importancia de la autosuficiencia económica y la cohesión social. Abogó por el swadeshi, un movimiento que promovía la autosuficiencia a través de la producción y el consumo de bienes locales. Esto no solo era una estrategia económica, sino también un acto de resistencia contra el colonialismo económico. La cohesión social, según Gandhi, se lograba a través de la armonía entre diferentes comunidades religiosas y étnicas, y a través de la erradicación de la intocabilidad y otras formas de discriminación.

José Martí, en "Nuestra América", promovió un nacionalismo que abogaba por la unidad latinoamericana y la independencia del imperialismo. Martí visualizó una América Latina libre de influencias extranjeras, con una identidad cultural propia y un sentido de solidaridad entre sus pueblos. Creía firmemente en la necesidad de una identidad panamericana que uniera a los países de América Latina en una causa común contra el imperialismo y la explotación externa.

Martí enfatizó la importancia de la educación como un medio para empoderar a las masas y promover el desarrollo social y económico. Consideraba la educación como un derecho fundamental y una herramienta esencial para la emancipación. Sus escritos subrayan que unapoblación educada es clave para el progreso de cualquier nación y para la creación de una sociedad justa y equitativa.

La justicia social también ocupa un lugar central en la obra de Martí. Abogó por una sociedad donde la justicia y la igualdad fueran pilares fundamentales, y donde todos los ciudadanos tuvieran la oportunidad de prosperar. Su visión incluía la eliminación de las injusticias sociales y económicas, y la creación de un sistema político y económico que reflejara los valores de equidad y solidaridad.

Martí también destacó la importancia de la participación activa de los ciudadanos en la construcción de sus naciones. Creía en un modelo de democracia participativa donde los ciudadanos no solo votaran, sino que también estuvieran activamente involucrados en la toma de decisiones y en la gestión de los asuntos públicos. Esta visión de una ciudadanía activa y comprometida es crucial para el desarrollo de una democracia saludable y vibrante.

5.2 Reflexión sobre la universalidad de los valores de la libertad y la justicia

La universalidad de los valores de libertad y justicia, como lo evidencian las filosofías de Gandhi y Martí, revela un profundo entendimiento de la dignidad humana que trasciende fronteras y épocas. Gandhi concebía la libertad no solo como la ausencia de opresión, sino como una manifestación de la verdad y la no violencia, promoviendo un estado de autorrealización personal y colectiva. Martí, por su parte, vinculaba la libertad con la soberanía cultural y nacional, defendiendo el derecho de los pueblos a decidir su propio destino. Ambos pensadores coincidían en que la justicia debe garantizar igualdad de oportunidades y respeto por todos, independientemente de las circunstancias. Estos principios universales subrayan que la dignidad, la autodeterminación y la igualdad son valores intrínsecos a la experiencia humana, que deben ser defendidos y promovidos en todas las sociedades. La Declaración Universal de los Derechos

Humanos también refuerza esta perspectiva, afirmando que la libertad y la justicia son derechos inalienables que deben ser respetados y protegidos globalmente.

5.2.1 La libertad como derecho universal

Los conceptos de libertad y justicia son esenciales en la filosofía de Gandhi y Martí y mantienen su relevancia a través del tiempo y en contextos diversos. Tanto Gandhi como Martí entendieron la libertad de maneras que trascienden las circunstancias históricas específicas de sus vidas, ofreciendo perspectivas que resuenan profundamente en el mundo moderno.

Para Gandhi, la libertad no se limita a la ausencia de opresión externa. Según él, la libertad es la capacidad de vivir en concordancia con la verdad (satya) y la no violencia (ahimsa). Esta visión se expande más allá de la independencia política, englobando la autonomía personal y la autorrealización. Gandhi afirmaba que:

"La verdadera libertad es la capacidad de actuar en consonancia con la verdad y la moralidad."[67]

---

[67] Gandhi, M. K. (1927). સત્યના પ્રયોગો અથવા આત્મકથા *[The story of my experiments with truth]*.

En su filosofía, la autodisciplina y el autocontrol son cruciales para alcanzar una libertad auténtica, donde cada individuo es responsable de su propio desarrollo y bienestar.

Martí, por su parte, vinculaba la libertad con la identidad cultural y la soberanía nacional. Su visión de una América Latina unida y libre del imperialismo refleja las luchas actuales por la autodeterminación y la resistencia contra la dominación externa.

Martí escribía:

> **"La libertad es el derecho de cada nación a ser ella misma, a seguir su propio destino"**

Su perspectiva subraya que la libertad es un derecho inalienable que permite a los pueblos decidir su propio destino y construir una sociedad basada en la justicia y la equidad.

Estos conceptos de libertad son universales porque reconocen la dignidad inherente a cada ser humano. La libertad, en su sentido más profundo, es la capacidad de cada individuo y comunidad para vivir de manera autónoma, tomando decisiones que reflejen sus valores y aspiraciones. Este derecho a la autodeterminación es fundamental en todas las culturas y sociedades, como lo destaca **la Declaración Universal de los Derechos Humanos**, que establece en su Artículo 1:

> **"Todos los seres humanos nacen libres e iguales en dignidad y derechos"** (Naciones Unidas, 1948).[68]

5.2.2 La justicia como pilar de la sociedad

La justicia es un principio esencial para la construcción de una sociedad equitativa y armoniosa, tal como lo entendieron

---

[68] Naciones Unidas. (1948). *Declaración universal de los derechos humanos.* United Nations. Retrieved from https://www.un.org/es/universal-declaration-human-rights/

Gandhi y Martí. Gandhi veía la justicia como un componente integral de la verdad y la no violencia. Para él, una sociedad justa es aquella en la que cada individuo es tratado con dignidad y respeto, y donde las estructuras sociales y económicas no perpetúan la explotación ni la discriminación.

Gandhi sostenía que

> **"La justicia social es inseparable de la no violencia; la injusticia solo se puede superar con una verdad que respeta a todos" (Gandhi, 1930).**

La justicia social, según él, implica la eliminación de la pobreza, la igualdad de oportunidades y la erradicación de todas las formas de opresión.

Martí, en su visión, defendía una justicia que integraba tanto la igualdad social como la libertad política. En su opinión, una sociedad justa es aquella en la que todos los ciudadanos tienen acceso a la educación, la salud y los recursos necesarios para vivir dignamente.

Martí afirmaba:

> **"La justicia no es solo la igualdad ante la ley, sino la garantía de que todos tengan las mismas oportunidades de desarrollar sus capacidades" (Martí, 1892).**

Para él, la participación activa de los ciudadanos en la vida pública era esencial para la justicia, destacando que solo a través de la inclusión y la igualdad de oportunidades se puede lograr una verdadera justicia social.

La universalidad de la justicia radica en su capacidad para transcender diferencias culturales y sociales. La justicia no es un concepto relativo, sino un principio fundamental que debe ser respetado en todas las sociedades. La búsqueda de la justicia es una aspiración humana universal que refleja el deseo de vivir en un mundo donde la dignidad y los derechos de todos sean reconocidos y protegidos, tal como lo afirma la Declaración Universal de los Derechos Humanos en su Artículo 7:

> **"Todos son iguales ante la ley y tienen, sin distinción, derecho a igual protección de la ley"**[69] **(Naciones Unidas, 1948).**

5.3 Aplicación contemporánea de los valores de libertad y justicia defendidos por Gandhi y Martí

En el mundo actual, los valores de libertad y justicia siguen siendo fundamentales para enfrentar los desafíos globales que nos aquejan. Las enseñanzas de Mahatma Gandhi y José Martí proporcionan una guía invaluable para abordar cuestiones contemporáneas como la violencia, la injusticia social y los conflictos internacionales. Gandhi, con su firme creencia en la no violencia y la resistencia pacífica, nos recuerda la importancia de luchar por la libertad de manera constructiva y sin agresión, buscando siempre soluciones que promuevan la paz y la armonía social. Por su parte, Martí, con su visión revolucionaria y su compromiso con la equidad y los derechos humanos, destaca la necesidad de justicia social como un pilar esencial para la construcción de sociedades más inclusivas y equitativas. Enfrentar la violencia, reducir las desigualdades y resolver conflictos requiere de una aplicación continua y profunda de estos valores, adaptados a las realidades contemporáneas. Los principios de libertad y justicia, inspirados en las enseñanzas de Gandhi y Martí, siguen siendo un faro que guía nuestras acciones hacia un mundo más justo y libre para todos.

---

[69] Naciones Unidas. (1948). Declaración universal de los derechos humanos. United Nations. Retrieved from https://www.un.org/es/universal-declaration-human-rights/

5.3.1 Resistencia No Violenta

La filosofía de la no violencia de Gandhi es especialmente relevante en contextos de represión y violencia estatal. Gandhi sostenía que

> **"La no violencia es la mayor fuerza a disposición de la humanidad" (Gandhi, 1920).**

Esta perspectiva ha influido profundamente en movimientos de derechos civiles en todo el mundo, como el movimiento por los derechos civiles en los Estados Unidos liderado por Martin Luther King Jr., como adaptó las enseñanzas de Gandhi. Según King,

> **"La no violencia es un arma poderosa y justa. Es una espada que cura" (King, 1964).**

Estas estrategias de resistencia pacífica pueden lograr cambios sociales y políticos significativos sin recurrir a la violencia.

5.3.2 Justicia social y económica

Las ideas de justicia de Martí son esenciales para abordar las crecientes desigualdades sociales y económicas. Martí afirmaba que

> **"Ser culto es el único modo de ser libre" (Martí, 1882).**[70]

Esto implica que la educación y la igualdad de oportunidades son pilares fundamentales para una sociedad justa. La implementación de políticas que promuevan la igualdad de oportunidades y la redistribución de recursos es vital para construir sociedades más justas y equitativas. La creciente brecha

---

[70] Martí, J. (1882). *Ismaelillo*. La Habana: Imprenta "La América".

entre ricos y pobres puede ser mitigada mediante políticas basadas en estos principios, promoviendo así una distribución más equitativa de la riqueza.

5.3.3 Soberanía y autodeterminación

La visión de Martí sobre la unidad y la soberanía latinoamericana es pertinente para las luchas contemporáneas contra el neocolonialismo y la dominación extranjera. Martí proclamó que "Nuestra América" debía unirse contra cualquier forma de dominación externa para alcanzar la verdadera independencia y autodeterminación (Martí, 1891)[71]. Esta visión es crucial para las naciones y comunidades que luchan por determinar su propio destino sin interferencias externas. En un mundo donde las potencias extranjeras aún influyen significativamente en los asuntos internos de muchos países, el llamado de Martí a la soberanía sigue siendo relevante.

5.3.4 Educación y participación ciudadana

Tanto Gandhi como Martí enfatizaron la importancia de la educación y la participación activa de los ciudadanos en la vida pública.

Gandhi creía que

> **"By education, I mean an all-round drawing out of the best in the child and man—body, mind and spirit"**[72] **(Gandhi, 1921)**
>
> *"La educación debe ser un medio para traer el mejoramiento total del ser humano",*

---

[71] Martí, J. (1891). Nuestra América.
[72] Gandhi, M. K. (1921). *A guide to health.* Ahmedabad, India: Navajivan.

mientras que Martí sostenía que "**la libertad es el derecho que tienen las personas de actuar libremente, pensar y hablar sin hipocresía**" (Martí, 1891). Estas ideas son fundamentales para fortalecer las democracias y promover una ciudadanía informada y comprometida.

Una educación que fomente el pensamiento crítico y la participación activa es esencial para la salud de cualquier democracia.

5.4 Conflictos globales y soluciones desde la perspectiva de Gandhi y Martí

En el panorama mundial actual, las guerras y los conflictos en las fronteras de varios países siguen siendo problemas persistentes que amenazan la paz y la estabilidad. Según **el informe del Global Peace Index 2023**, las tensiones geopolíticas y las disputas territoriales contribuyen significativamente a la inestabilidad global **(Institute for Economics and Peace, 2023)**[73].

Además, la competencia por adquirir y distribuir armas y la cultura de las armas alimentan los conflictos, como se detalla en el informe del **Small Arms Survey 2022 (Small Arms Survey, 2022)**[74]. Los problemas de terrorismo y extremismo, que afectan a regiones como el Medio Oriente y Palestina, también reflejan profundas divisiones y falta de respeto por las

---

[73] Institute for Economics and Peace. (2023). Global Peace Index 2023: Measuring peace in a complex world. Recuperado de https://www.economicsandpeace.org/wp- content/uploads/2023/06/GPI-2023-Report.pdf

[74] Small Arms Survey. (2022). Small Arms Survey 2022: Guns and the city. Geneva, Switzerland: Graduate Institute of International and Development Studies. Retrieved from http://www.smallarmssurvey.org/publications/by-type/yearbook/small-arms-survey-2022.html

creencias y valores de los demás (**Council on Foreign Relations, 2023**).[75]

En este contexto, las ideas de Mahatma Gandhi y José Martí pueden ofrecer soluciones viables. Gandhi, con su enfoque en la no violencia y la resistencia pacífica, proporciona una alternativa a la violencia y el conflicto armado. Por su parte, Martí abogó por la justicia social y la cooperación entre naciones para superar la opresión y las desigualdades. Estos enfoques pueden ser aplicados

para abordar los problemas actuales, promoviendo una cultura de paz y respeto mutuo que contrarreste las causas profundas de los conflictos.

5.4.1 Guerras y conflictos fronterizos

Las guerras y los conflictos fronterizos, como los que se observan en la región de Cachemira[76] entre **India y Pakistán**, y entre **Rusia y Ucrania**, son ejemplos evidentes de cómo las disputas territoriales pueden escalar hasta convertirse en conflictos armados prolongados. Estos conflictos a menudo resultan en grandes pérdidas humanas y desplazamientos masivos. Gandhi, con su filosofía de la no violencia, argumentaba que **"la no violencia es la mayor fuerza a disposición de la humanidad"**. La aplicación de la resistencia pacífica y el diálogo puede ser una solución para desescalar estos conflictos, promoviendo la negociación y el entendimiento mutuo en lugar del enfrentamiento armado.

---

[75] Council on Foreign Relations. (2023). Global Conflict Tracker: Terrorism in the Middle East and Palestine. Retrieved from https://www.cfr.org/global-conflict-tracker/#!/conflict/terrorism-in- the-middle-east-and-palestine

[76] Kashmir (region, Indian subcontinent, Asia)

5.4.2 Competencia armamentista y cultura de las armas

La competencia global para adquirir y distribuir armas alimenta una cultura de violencia y desconfianza. **Países como Estados Unidos, Rusia y China son grandes exportadores de armas**[77], lo que contribuye a la proliferación de conflictos armados en diferentes partes del mundo. Martí, en sus escritos sobre justicia social, enfatizaba la necesidad de un mundo donde la equidad y la justicia prevalecieran sobre la violencia (Martí, 1891). Implementar políticas que limiten la

Stockholm International Peace Research Institute. (2023). Trends in international arms transfers 2022. Recuperado de https://sipri.org/publications/2023/trends-international-arms-transfers-2022

producción y distribución de armas y fomentar una cultura de paz y resolución de conflictos no violentos es esencial para desmantelar esta cultura de las armas.

5.4.3 Terrorismo y extremismo

El terrorismo y el extremismo son problemas globales que afectan a todas las naciones. Los ataques terroristas no solo causan destrucción y pérdida de vidas, sino que también fomentan el odio y la desconfianza entre diferentes comunidades y religiones. Gandhi creía firmemente en la unidad de todas las religiones y en la tolerancia religiosa como base para la paz. La promoción del diálogo interreligioso y la educación sobre la paz y la tolerancia pueden ayudar a combatir las raíces del extremismo.

---

[77] Arms Control Association. (2023). U.S. is largest arms exporter in a changing market. Recuperado de https://www.armscontrol.org/act/2023-04/news/us-largest-arms-exporter- changing-market

5.4.4. Tensiones en el Medio Oriente y Palestina

La región del Medio Oriente, particularmente Palestina, es un epicentro de conflictos prolongados. Las tensiones entre israelíes y palestinos han dado lugar a numerosas guerras y actos de violencia.[78] Martí, en su visión de unidad y soberanía, abogaba por la autodeterminación de los pueblos y la lucha contra cualquier forma de opresión externa. La aplicación de estas ideas podría implicar un apoyo renovado a las negociaciones de paz que respeten los derechos y aspiraciones de ambos pueblos, promoviendo una solución de dos estados basada en el respeto mutuo y la justicia.

5.4.5 Falta de respeto por otras creencias

La falta de respeto por las creencias y valores de los demás es una causa subyacente de muchos conflictos globales. La intolerancia religiosa y cultural conduce a la discriminación y a la violencia. Gandhi afirmó que "la verdadera educación consiste en obtener lo mejor de uno mismo", lo que implica una educación que promueva la comprensión y el respeto por la diversidad. Fomentar una educación que inculque valores de respeto, tolerancia y empatía es crucial para construir sociedades más armoniosas.

5.5 Propuestas para futuras investigaciones y estudios

A partir del análisis que he llevado a cabo sobre la universalidad de los valores de libertad y justicia, fundamentado en las filosofías de Gandhi y Martí, y considerando el contexto histórico y contemporáneo, propongo varias líneas de investigación que podrían enriquecer nuestra comprensión y aplicación de estos principios en diferentes

---

[78] Council on Foreign Relations. (2024). Israeli-Palestinian Conflict. Recuperado de https://www.cfr.org/global-conflict-tracker/conflict/israeli-palestinian-conflict

realidades. Estas propuestas están orientadas a explorar cómo estos valores se manifiestan en diversos contextos y a evaluar su impacto en la sociedad actual.

5.5.1 Análisis comparativo de la aplicación de los valores de libertad y justicia en diferentes contextos culturales

Me parece esencial realizar estudios comparativos sobre cómo se interpretan y aplican los valores de libertad y justicia en distintas culturas y sistemas políticos. Este tipo de investigación permitiría entender mejor cómo sociedades no occidentales adaptan estos principios a sus tradiciones y contextos históricos. Un análisis de cómo los conceptos de libertad y justicia se manifiestan en regiones de Asia, África y América Latina en comparación con las sociedades occidentales podría ofrecer una visión más global y diversa sobre estos valores.

5.5.2 Impacto de los movimientos sociales en la promoción de la justicia y la libertad

Otro enfoque que considero relevante es estudiar el impacto de los movimientos sociales contemporáneos en la promoción de la justicia y la libertad. Investigar cómo movimientos como

Black Lives Matter[79], el feminismo interseccional y los movimientos de derechos indígenas han influido en las políticas públicas y en la percepción social de estos valores puede proporcionar

---

[79] Black Lives Matter es un movimiento social que lucha contra la violencia y la injusticia racial hacia las personas negras, abogando por la igualdad y el fin de la discriminación sistemática en diversos aspectos de la vida, especialmente en la policía y el sistema de justicia

"*insights*" importantes. Además, sería interesante examinar el papel de las redes sociales en la organización y visibilidad de estos movimientos.

5.5.3 Estudio sobre la efectividad de las políticas de justicia social en la reducción de desigualdades

Es crucial investigar cómo las políticas de justicia social implementadas en distintos países han afectado la reducción de desigualdades económicas y sociales. Se podría enfocar el estudio en la evaluación de programas específicos, como las reformas educativas, las políticas de igualdad de género y los programas de bienestar social, para ver cómo contribuyen a una justicia más equitativa y a la mejora de las condiciones de vida de los sectores más vulnerables.

5.5.4 Libertad de expresión y censura en la era digital

El impacto de la tecnología digital en la libertad de expresión y la privacidad es un área que considero emergente y crucial para investigar. Es interesante explorar cómo las plataformas digitales afectan los derechos fundamentales, especialmente la libertad de expresión y el derecho a la privacidad. Un estudio sobre temas como la censura en las redes sociales, la vigilancia estatal y el impacto de la desinformación podría ofrecer perspectivas valiosas sobre la protección de estos derechos en el entorno digital.

5.5.5 Interseccionalidad y justicia social: una perspectiva integradora

La interseccionalidad y su relación con la justicia social es otro campo que nos interesaría investigar más a fondo. Explorar cómo la interseccionalidad influye en el acceso a la justicia, la igualdad de oportunidades y la representación en los procesos de toma de decisiones podría proporcionar una comprensión más completa de cómo se experimentan los derechos de libertad y justicia en individuos que pertenecen a múltiples grupos marginalizados.

5.5.6 Educación y derechos humanos: evaluación de programas educativos

Creemos que la evaluación de programas educativos destinados a promover la conciencia sobre los derechos humanos y la justicia es fundamental. En un futuro nos gustaría investigar cómo los currículos escolares y los programas de formación cívica influyen en la percepción y el comportamiento de los estudiantes respecto a estos valores. Esta línea de investigación podría ayudar a mejorar la educación en derechos humanos y a formar ciudadanos más informados y comprometidos.

5.5.7 Evolución histórica de los conceptos de libertad y justicia

Finalmente, consideramos importante realizar una investigación sobre la evolución histórica de los conceptos de libertad y justicia desde distintas perspectivas históricas y filosóficas. Analizar textos históricos, discursos políticos y documentos legales que han influido en la comprensión contemporánea de estos principios podría ofrecer una visión profunda sobre cómo han sido interpretados y aplicados a lo largo del tiempo.

Creemos que estas propuestas de investigación tienen el potencial de profundizar nuestra comprensión de los valores de libertad y justicia y de explorar cómo se aplican y se desarrollan enel mundo actual. Estoy convencido de que estos enfoques pueden abrir nuevas vías para el estudio y la promoción de estos principios fundamentales.

En este capítulo, se ha discutido la influencia y relevancia actual de las ideas de Mahatma Gandhi y José Martí. Ambos líderes, a pesar de sus contextos históricos y geográficos distintos, compartían una visión común sobre la libertad, la justicia y la autodeterminación. Gandhi, a través de su filosofía de la no violencia y la verdad, y Martí, con su enfoque en la soberanía y la justicia social, ofrecieron perspectivas que trascienden sus épocas y continúan resonando en la actualidad. Los valores universales que promovieron—la libertad como autorrealización y la justicia como igualdad y dignidad—son fundamentales para enfrentar los desafíos contemporáneos como la desigualdad, la violencia y el conflicto global. Su legado proporciona una guía valiosa para construir sociedades más justas y equitativas, enfatizando la necesidad de educación, participación ciudadana y resistencia pacífica. En el contexto actual, sus principios siguen siendo una fuente de inspiración para abordar las crisis globales con un enfoque basado en la paz y la justicia.

Este análisis nos prepara para las conclusiones finales en el capítulo VI, donde se resumirá todo lo discutido a lo largo de este libro. Se hará una síntesis de las ideas principales y se ofrecerán recomendaciones sobre cómo aplicar los principios de Gandhi y Martí en el mundo actual, destacando la importancia de su legado en la construcción de un futuro más equitativo y pacífico. Además, se subrayará la necesidad de continuar promoviendo la educación y la participación ciudadana como herramientas fundamentales para lograr una sociedad más justa y sostenible.

VI. Conclusiones Finales

"La libertad es el derecho de hacer todo lo que las leyes permiten, y la responsabilidad de hacer solo lo que es justo[80]."-Mahatma Gandhi: The Last Phase

Introducción

Este capítulo se dedica a sintetizar y reflexionar sobre los hallazgos clave del libro. A lo largo de este estudio, hemos examinado en profundidad las concepciones de libertad, nacionalismo y justicia social de Mahatma Gandhi y José Martí. Este análisis ha permitido comprender cómo sus filosofías han influido en los movimientos sociales y políticos, y cómo sus ideas continúan siendo relevantes en el contexto contemporáneo. En esta conclusión, se resumirán los principales descubrimientos, se discutirán las implicaciones para la política y la sociedad global, y se propondrán áreas para futuras investigaciones.

Recapitulación de hallazgos clave

Visión de la libertad y el nacionalismo

El estudio revela que Gandhi y Martí, a pesar de sus contextos y métodos divergentes, comparten una visión integral de la libertad y el nacionalismo. Gandhi redefine la libertad como un proceso de autorrealización y transformación ética. Su enfoque en la no violencia y el Satyagraha no solo busca la liberación de la India del dominio colonial británico, sino también una liberación espiritual y moral. Esta visión de la libertad se aleja

---

[80] Pyarelal. (1959). *Mahatma Gandhi: The Last Phase* (Vols. 1-3). Vikas Publishing House.

de las concepciones tradicionales y materialistas, proponiendo un camino basado en la verdad y el compromiso ético.

José Martí, por otro lado, ve la libertad como un concepto que abarca tanto la independencia política como la emancipación cultural y moral. Su enfoque en la identidad nacional y la educación subraya la importancia de la cultura y la dignidad como fundamentos de la verdadera libertad. Martí busca una liberación que no solo libere a Cuba del colonialismo, sino que también fomente una identidad cultural y una educación que fortalezcan la autonomía y el progreso nacional.

Estrategias de resistencia y justicia social

Las estrategias de resistencia de Gandhi y Martí reflejan sus diferentes contextos históricos y políticos. Gandhi desarrolla el Satyagraha, una forma de resistencia no violenta basada en la verdad y el amor, que busca transformar la sociedad mediante la acción ética. Esta estrategia ha demostrado ser efectiva en múltiples contextos, inspirando movimientos de derechos civiles en todo el mundo y ofreciendo un modelo de resistencia pacífica frente a la injusticia.

Martí, en contraste, adopta una estrategia de resistencia que combina métodos militantes y la promoción de una identidad cultural fuerte. Su participación en la lucha armada por la independencia de Cuba y su enfoque en la unidad cultural y la educación reflejan la urgencia de sus circunstancias y la necesidad de una resistencia más directa y pragmática. La combinación de estos métodos demuestra la adaptabilidad y la complejidad de sus estrategias de resistencia.

Relevancia contemporánea

La relevancia de las ideas de Gandhi y Martí en el mundo actual es significativa. Gandhi sigue siendo una fuente de inspiración para movimientos de resistencia pacífica y derechos humanos en todo el mundo. Su enfoque en la no violencia y la ética proporciona una guía para enfrentar las injusticias y promover el cambio social en contextos diversos. La filosofía gandhiana resuena especialmente en movimientos que buscan una transformación social a través de la paz y la justicia.

Las ideas de Martí también continúan influyendo en América Latina y en otros contextos globales. Su visión de la identidad cultural y la educación como elementos fundamentales para la libertad y el progreso sigue siendo relevante para las luchas contemporáneas por la autodeterminación y la justicia social. Martí proporciona un marco valioso para entender la importancia de la cultura y la identidad en el contexto de la resistencia y la emancipación.

Implicaciones y reflexiones

Influencia en la política y la sociedad global

El impacto de Gandhi y Martí en la política y la sociedad global subraya la importancia de sus ideas en la configuración de movimientos de liberación y justicia. La filosofía de Gandhi ha dejado una marca duradera en la lucha por los derechos civiles y la justicia social, demostrando la eficacia de la resistencia no violenta y la ética en la promoción del cambio. La influencia de Martí, por su parte, ha sido crucial para la identidad latinoamericana y la lucha por la justicia social en la región, ofreciendo un modelo de resistencia que combina la militancia y la promoción cultural.

Aplicaciones prácticas en el mundo contemporáneo

Las ideas de Gandhi y Martí ofrecen aplicaciones prácticas significativas para abordar los desafíos contemporáneos. La resistencia ética y la búsqueda de la justicia social, así como la importancia de la identidad cultural y la educación, son principios que pueden guiar las políticas y los movimientos sociales actuales. En un mundo caracterizado por la desigualdad y la violencia, los principios de Gandhi y Martí proporcionan un marco para construir sociedades más justas y equitativas, ofreciendo herramientas para enfrentar los problemas globales con un enfoque basado en la dignidad humana y la justicia.

Algunas áreas potenciales para futuras investigaciones incluyen;

Reinterpretación y aplicación en contextos contemporáneos

Uno de los caminos más prometedores para futuras investigaciones es explorar cómo las ideas de Gandhi y Martí han sido reinterpretadas y aplicadas en los movimientos sociales contemporáneos. Por ejemplo, se podría examinar cómo los principios de no violencia de Gandhi han influenciado a movimientos como Black Lives Matter o a las manifestaciones prodemocracia en Hong Kong. Del mismo modo, el énfasis de Martí en la justicia social y la soberanía puede ofrecer perspectivas sobre la lucha actual por la autodeterminación en regiones como América Latina. Analizar estas aplicaciones modernas puede proporcionar una comprensión más rica y matizada del legado de Gandhi y Martí, mostrando cómo sus principios siguen guiando y moldeando la acción social y política en contextos actuales.

Conexiones con otras tradiciones de resistencia

Otro aspecto crucial es investigar las conexiones entre las filosofías de Gandhi y Martí y otras tradiciones de resistencia y justicia social a nivel global. Examinar cómo sus ideas se interrelacionan con otras corrientes filosóficas y políticas, como el pensamiento de Nelson Mandela, el movimiento de liberación de mujeres, o las luchas por los derechos indígenas, puede ofrecer una visión integral de cómo las estrategias de resistencia y los ideales de justicia se han desarrollado y diversificado en diferentes contextos. Este enfoque comparativo puede revelar influencias mutuas y ayudar a comprender mejor la evolución de las estrategias de resistencia a lo largo del tiempo y en distintas culturas.

Recepción global e influencia contemporánea

También es fundamental examinar la recepción global de las ideas de Gandhi y Martí, y su influencia en las políticas y movimientos contemporáneos. Investigar cómo estos líderes han sido reinterpretados en distintas regiones del mundo y cómo sus ideas han influido en políticas públicas, programas de derechos humanos, y movimientos internacionales de justicia puede ofrecer nuevas perspectivas sobre su impacto duradero. Por ejemplo, estudiar cómo las políticas de desarrollo sostenible en India o las iniciativas de integración regional en América Latina han sido influenciadas por los principios de Gandhi y Martí puede proporcionar una comprensión más amplia de su relevancia actual y su capacidad para inspirar soluciones a problemas globales contemporáneos.

Impacto en la formación de nuevas identidades culturales

La influencia de Gandhi y Martí en la formación de identidades culturales nuevas y en la redefinición de la identidad nacional en contextos postcoloniales también es un área fértil para la investigación. Analizar cómo sus ideas han contribuido a la construcción de narrativas culturales en naciones emergentes y cómo han sido adoptadas por movimientos culturales y sociales puede ofrecer una visión profunda de su impacto en la identidad colectiva y en la construcción de la ciudadanía en el siglo XXI.

El análisis comparativo de Gandhi y Martí abre múltiples áreas para futuras investigaciones. Explorar cómo sus ideas han sido reinterpretadas y aplicadas en contextos específicos, como los movimientos sociales contemporáneos o los desafíos de la globalización, puede proporcionar una comprensión más profunda de su legado. Investigar las conexiones entre sus filosofías y otras tradiciones de resistencia y justicia social también puede enriquecer la discusión sobre la relevancia de sus ideas. Además, examinar la recepción global de sus ideas y su influencia en las políticas y movimientos contemporáneos puede ofrecer nuevas perspectivas sobre su impacto y relevancia.

Como conclusión, el estudio de Mahatma Gandhi y José Martí revela la profundidad y la riqueza de sus contribuciones a la lucha por la libertad, la justicia y la autodeterminación. Ambos líderes, con sus enfoques únicos y complementarios, ofrecen un testimonio del poder transformador de la resistencia ética y la búsqueda de la verdad. Sus legados continúan siendo una fuente de inspiración y una guía para abordar los desafíos contemporáneos, proporcionando un marco valioso para la construcción de un mundo más justo y equitativo.

En el presente estudio se ha demostrado que la filosofía de Gandhi y el pensamiento de Martí no solo reflejan los contextos históricos de sus tiempos, sino que también trascienden hacia perspectivas universales que siguen siendo relevantes hoy en día. La continua relevancia de sus ideas subraya la importancia de la ética, la educación y la identidad cultural en la búsqueda de la justicia social y la paz global. Este estudio concluye con una invitación a seguir explorando y aplicando las ideas de Gandhi y Martí, reconociendo su impacto perdurable y su capacidad para inspirar un cambio positivo en el mundo contemporáneo. La reflexión sobre sus contribuciones no solo enriquece nuestra comprensión histórica, sino que también proporciona herramientas valiosas para enfrentar los desafíos actuales y construir un futuro más prometedor y equitativo.

Áreas para Futuras Investigaciones

El análisis comparativo de Gandhi y Martí abre múltiples áreas para futuras investigaciones. Explorar cómo sus ideas han sido reinterpretadas y aplicadas en contextos específicos, como los movimientos sociales contemporáneos o los desafíos de la globalización, puede proporcionar una comprensión más profunda de su legado. Investigar las conexiones entre sus filosofías y otras tradiciones de resistencia y justicia social también puede enriquecer la discusión sobre la relevancia de sus ideas. Además, examinar la recepción global de sus ideas y su influencia en las políticas y movimientos contemporáneos puede ofrecer nuevas perspectivas sobre su impacto y relevancia.

Glosario de términos clave

1. Ahimsa

Significado: No violencia

Definición en español: Principio de la no violencia y el respeto por toda forma de vida. Gandhi promovió el ahimsa como un pilar fundamental en su lucha por la independencia de la India, argumentando que la verdadera libertad solo puede lograrse a través de medios pacíficos.

2. Satyagraha

Significado: Insistencia en la verdad

Definición en español: Estrategia de resistencia no violenta desarrollada por Gandhi. Satyagraha implica la resistencia pacífica y la desobediencia civil como medios para confrontar la injusticia y el dominio opresivo, buscando transformar moralmente tanto a los opresores como a los oprimidos.

3. Swadeshi

Significado: Autosuficiencia

Definición en español: Movimiento promovido por Gandhi que abogaba por la autosuficiencia económica y el uso de productos locales en lugar de importados. Swadeshi fue un componente crucial de la resistencia económica contra el dominio británico en India, fomentando el orgullo y la independencia económica entre los indios.

4. Sarvodaya

Significado: Progreso de todos

Definición en español: Filosofía que busca el bienestar y el progreso de toda la sociedad. Gandhi promovió el sarvodaya como un ideal social y económico que prioriza el desarrollo equitativo y la justicia para todos, especialmente los más desfavorecidos.

5. Harijan

Significado: Hijos de Dios

Definición en español: Término utilizado por Gandhi para referirse a los intocables en la sociedad india. Gandhi abogó por la inclusión y el respeto de los harijans, luchando contra el sistema de castas y promoviendo la igualdad social.

6. Ashram

Significado: Comunidad o retiro espiritual

Definición en español: Lugar donde se practican las enseñanzas espirituales y se vive en comunidad de acuerdo con principios morales y espirituales. Gandhi estableció ashrams como centros de aprendizaje y práctica de sus principios de vida sencilla, verdad, y no violencia.

7. Khadi

Significado: Tela tejida a mano

Definición en español: Símbolo del movimiento de autosuficiencia económica promovido por Gandhi. Khadi representa la independencia económica y el rechazo de los productos textiles británicos, fomentando la producción local y el trabajo manual.

8. Ram Rajya

Significado: Reino de Rama

Definición en español: Ideal de gobierno justo y moral basado en las enseñanzas del dios hindú Rama. Gandhi utilizó este

concepto para describir su visión de una India independiente
donde prevalezcan la justicia, la verdad y la equidad.

9. **Nai Talim**

Significado: Nueva educación

Definición en español: Sistema educativo promovido por
Gandhi que integra elaprendizaje manual con la educación
teórica, enfatizando el desarrollo integral y la autosuficiencia
de los estudiantes.

10. **Barat Chhodo Andolan (Movimiento de Abandono de la India)**

Definición: El Bharat Chhodo Andolan, también conocido
como el Movimiento de Abandono de la India o el Movimiento
Quit India, fue una campaña de resistencia liderada por
Mahatma Gandhi durante la Segunda Guerra Mundial. Lanzado
en agosto de 1942, el movimiento exigía el fin del dominio
británico en la India y el establecimiento de un gobierno
autónomo. Gandhi y el Congreso Nacional Indio llamaron a la
desobediencia civil masiva y a la resistencia no violenta,
movilizando a grandes sectores de la población india contra la
administración colonial británica. El movimiento resultó en la
detención de numerosos líderes del Congreso y una represión
severa por parte de las autoridades británicas.

11. **Sabarmati**

Definición: Sabarmati es el nombre de un río que fluye a través
del estado de Gujarat en India, y también se refiere a la ciudad
de Sabarmati, situada a orillas de este río. Es especialmente
conocida por ser el lugar donde se encuentra el Ashram de
Sabarmati, un centro importante en la vida de Mahatma
Gandhi. Desde 1917 hasta 1930, Gandhi utilizó el ashram como

base para sus actividades de lucha por la independencia y como lugar para la práctica de sus principios de no violencia y autosuficiencia. El ashram es ahora un importante sitio histórico y un museo que conmemora la vida y el trabajo de Gandhi

Bibliografía

Fuentes primarias:

1. Gandhi, M. K. (1920, agosto). *Young India*, Edición 34.
2. Gandhi, M. K. (1923, abril). *Young India*, Edición 17.
3. Gandhi, M. K. (1929, marzo). *Young India*, Edición 11.
4. Martí, J. (1891). *Nuestra América*.
5. Sabarmati Ashram Preservation and Memorial Trust. *Young India* journal. Gandhi Heritage Portal. Recuperado el 11 de julio de 2024, de https://www.gandhiheritageportal.org/journals-by-gandhiji/young-india.

Fuentes Secundarias:

Sobre Gandhi:

1. Deshpande, M. (1995). Understanding Gandhi's concept of liberty. *Gandhi Marg, 17*(3), octubre-diciembre. Recuperado de https://www.mkgandhi.org/.
2. Ponnu, R. *Ahimsa: Its theory and practice in Gandhism*. Recuperado el 11 de julio de 2024, de https://www.mkgandhi.org/.
3. Traboulay, D. M. (1997). *Mahatma Gandhi's Satyagraha and Non Violent Resistance*. City University of New York.
4. Encyclopaedia Britannica. Quit India Movement. *Britannica.com*. Recuperado de https://www.britannica.com/event/Quit-India-Movement.
5. Sahoo, S. C. (2017). Mahatma Gandhi and the Quit India

Movement - A study of Gandhian strategy and dynamics. *Odisha Review*, pp. 34.
6. Mishra, P. (2018, 15 de octubre). Gandhi for the post-truth age. *The New Yorker*. Recuperado de https://www.newyorker.com/magazine/2018/10/15/gandhi-for-the-post-truth-age.
7. Kripalani, K. (Ed.). (1958). *All Men Are Brothers: Life and Thoughts of Mahatma Gandhi as Told in His Own Words*. Navajivan Publishing House.
8. Gandhi, M. K. (1908). Preface. En *Hind Swaraj*. Recuperado de: https://www.mkgandhi.org/hindswaraj/preface.php.

Sobre José Martí:

1. Espinoza M., G. (n.d.). Martí, el Apostol de America. *Cubaminrex*. Recuperado de: https://misiones.cubaminrex.cu/es/articulo/marti-el-apostol-de-america.
2. Gómez Ferrals, M. (2018, 28 de enero). José Martí: su vida y su obra. *Adelante*. Recuperado el 18 de julio de 2024, de: https://www.adelante.cu/index.php/es/historia-incio/personalidades-submenu/personalidades-submenu-j-marti/12108-jose-marti-su- vida-y-su-obra.
3. Roteta Dorado, Y. (2024). José Martí: El exilio y la lucha por la independencia cubana.

   Revista de Estudios Cubanos, 18(2), 45-63.

4. Martínez Gómez, J. A. (2006, 14 de septiembre). Las tres ideas fundamentales de José Martí para la liberación nacional: Moralidad, Justicia y Libertad. *Estudios Humanísticos. Historia. Universidad de León*. Recuperado de: https://buleria.unileon.es/bitstream/handle/10612/611/Jes%

c3%bas.pdf?sequence=1&isAl lowed=y.
5. Centro Fidel Castro Ruz. (2023, 17 de octubre). Fidel Castro y La historia me absolverá [Video]. *YouTube.* Recuperado de: https://youtu.be/Fg5JwMnm1tQ?si=a9e5hvogQEIJYHnN.
6. Castro, F. (2007). *La Historia me Absolverá* (3.a ed., 2001; 4.a ed., 2004; 5.a ed., 2007). La Habana, Cuba: Editorial de Ciencias Sociales.
7. Montero, L. (2004). *José Martí y la Revolución Cubana: El legado ideológico en el siglo XX.* Editorial Patria.
8. Fornet-Betancourt, R. (1998). La idea de nación en José Martí. En *José Martí (1853-1895).* Ediciones Del Orto.
9. Ibarra, J. (1990). Martí and Socialism. En Abel, J., & Torrents, A. (Eds.), *Martí and Socialism.* pp. 83.
10. Subercaseaux, B. (2017). Nuestra América: Texto, lectura y contexto. *Universum, 32*(1), Artículo e255. Recuperado de: https://doi.org/10.4067/S0718-23762017000100255.
11. Pérez, J. (1990). José Martí: Architect of an independent and just Cuba based on principles of individual liberty and national sovereignty. *Revista Cubana de Estudios Latinoamericanos, 67*(3), 67-78.

Fuentes adicionales:

1. Sechu, S. (2019, 1 de octubre). Thoreau to Tolstoy: Five thinkers who helped transform Gandhi to Mahatma. *The New Indian Express.* Recuperado de: https://www.newindianexpress.com/nation/2019/Oct/01/thoreau-to-tolstoy-thinkers-who- influenced-mk-gandhi-and-how-2041787.html.
2. Chadha, R. (2015). Gandhi's affirmation of nonviolent resistance through Thoreau's influence.

Journal of Indian Philosophy, 32(4), 32-45.
3. Sharma, S. (2013). Gandhi's Teachers: Henry David Thoreau (Vol. 12). Gujarat Vidapeeth.
4. Emerson, R. W., Thoreau, H. D., Gandhi, M. K., Tolstoy, L., & Ruskin, J. (2019, octubre). [Fotografía]. En *The New Indian Express*. Recuperado de: https://www.newindianexpress.com/nation/2019/Oct/01/thoreau-to-tolstoy-thinkers-who- influenced-mk-gandhi-and-how-2041787.html.
5. González, M. P. (2003). *José Martí: Apóstol de la independencia cubana*. Editorial de Ciencias Sociales.
6. Gandhi, M. K. (1920). *Young India*. Ahmedabad: Navajivan Publishing House.
7. Arms Control Association. (2023). U.S. is largest arms exporter in a changing market. Recuperado de: https://www.armscontrol.org/act/2023-04/news/us-largest-arms-exporter- changing-market.
8. Stockholm International Peace Research Institute. (2023). Trends in international arms transfers 2022. Recuperado de: https://sipri.org/publications/2023/trends-international- arms-transfers-2022.
9. Pyarelal. (1959). *Mahatma Gandhi: The Last Phase* (Vols. 1-3). Vikas Publishing House.

www.ingramcontent.com/pod-product-compliance
Lightning Source LLC
LaVergne TN
LVHW061553070526
838199LV00077B/7026